DU GAGE

EN DROIT ROMAIN ET EN DROIT FRANÇAIS

THÈSE POUR LE DOCTORAT

PAR

P. CAZELLES

Avocat.

PARIS

AMAND GIARD, LIBRAIRE

16, RUE SOUFFLOT, 16

1882

DU GAGE

EN DROIT ROMAIN ET EN DROIT FRANÇAIS

THÈSE POUR LE DOCTORAT

Soutenue le Mercredi 26 Avril 1882, à 12 heures

PAR

P. CAZELLES

Avocat.

Président : M. COLMET DE SANTERRE, Professeur

<table>
<tr><td rowspan="4">SUFFRAGANTS</td><td rowspan="4">MM.</td><td>RATAUD</td><td rowspan="2">PROFESSEURS</td></tr>
<tr><td>GÉRARDIN</td></tr>
<tr><td>BEAUREGARD</td><td rowspan="2">AGRÉGÉS</td></tr>
<tr><td>MICHEL (LÉON)</td></tr>
</table>

PARIS

AMAND GIARD, LIBRAIRE

16, RUE SOUFFLOT, 16

1882

INTRODUCTION

Le gage est un contrat accessoire par lequel un débiteur remet à son créancier une chose mobilière pour sûreté d'une dette préexistante avec faculté pour lui de se faire payer sur cette chose par préférence aux autres créanciers (art. 2071, 2072, 2073 C. c.). Ainsi le gage se présente à nous comme un contrat de garantie; il intervient entre les parties à l'effet de conférer au créancier une sûreté spéciale, indépendante de celle que la loi lui donne d'une façon générale. Sans doute, « les hommes ne traitent ensemble que dans l'espoir légitime que leurs engagements respectifs seront exécutés ; et toute transaction serait bientôt suspendue si une confiance mutuelle ne rapprochait pas les citoyens pour leur commun intérêt » (Treilhard, *Exposé des motifs du titre du cautionnement*) et c'est à bon droit que les législateurs de tous les temps, dans le but d'assurer le crédit public, ont assis sur le patrimoine entier d'un débiteur la sûreté générale de ses créanciers. Mais ce mot de sûreté générale nous fait apercevoir de suite les inconvénients que cette garantie emporte avec elle : c'est la situation égale de tous les créanciers, aussi bien des plus anciens que des plus récents, et la liberté que conserve le débiteur de disposer de son patrimoine. Aussi, en même temps que les législations assuraient d'une façon générale les droits des créanciers, les plus diligents cherchaient d'eux-mêmes les moyens de s'assurer contre l'insolvabilité de leurs débiteurs. Parmi les moyens employés pour atteindre ce but, il convient de citer en première ligne le gage, un des mieux faits, à coup sûr, pour spécialiser la situation du créancier gagiste tant au point de vue des autres créanciers qu'au point de vue du débiteur lui-même.

C'est l'étude de ce contrat de garantie que nous avons résolu de présenter soit en droit romain, soit en droit français.

Mais, puisqu'il n'a trouvé sa raison d'être que dans l'état imparfait des sûretés légales, qu'il eût pour objet de compléter, peut-être ne sera-t-il pas inutile que nous recherchions tout d'abord quelle était, dans ces deux législations, la situation faite par la loi elle-même aux créanciers.

A Rome, pendant longtemps, ce fut la personne même du débiteur qui servit de répondant au créancier ; et si l'on veut bien se rappeler combien le peuple romain était formaliste, avec quelle rigueur il tirait d'un principe nettement établi des conséquences logiques, il n'y a rien là qui doive nous surprendre. Qu'est-ce, en effet qu'une obligation ? Un lien de droit intervenu entre deux personnes antérieurement indépendantes l'une de l'autre. Cette indépendance réciproque a pris fin d'un côté parce que l'une des parties, le *creditor*, cédant aux sollicitations de l'autre, ayant foi en elle, lui a fait un prêt. C'est en considération de la personne du débiteur que le créancier a eu confiance; c'est au débiteur de répondre des conséquences de cette confiance. C'est une affaire toute personnelle et à ce titre le créancier s'adresse à sa personne et non à son patrimoine. Ce n'est qu'accessoirement que les biens du débiteur se trouveront répondre de l'obligation.

Quant aux procédés mêmes employés pour satisfaire à cette obligation, nous ne les rappelons que très rapidement. Le débiteur qui avait encouru une condamnation pécuniaire ou qui avait avoué sa dette *in jure* avait un délai de trente jours pour se procurer la somme nécessaire à sa libération. A défaut de payement le créancier se mettait en possession de son débiteur en observant les formalités de la *manus injectio*, et l'acquérait comme esclave (Gaius, Inst., III, § 189, IV, § 21). Dans cet état il pouvait être mis à mort ou vendu, et ses créanciers se partageaient ses dépouilles; c'est seulement ainsi que les biens du débiteur se trouvaient répondre de son obligation.

La loi donne donc au créancier un droit de gage sur la personne de son débiteur. Mais, au fond, ce que veut le créancier, c'est le recouvrement de sa créance, c'est pour atteindre ce but qu'il s'attaque d'abord à la personne physique de son débiteur; mettre celui-ci à mort, le réduire en esclavage, cruautés inutiles, qui ne sont que des moyens et non le but, qui est d'atteindre le patrimoine qui se cache, qui s'abrite derrière la personne du débiteur !

Le législateur ne devrait donc pas conserver une procédure barbare, s'il pouvait trouver une autre solution de nature à donner au créancier la satisfaction qui lui est légitimement due. La chute des *legis actiones* n'entraîna pas avec elle l'extinction du gage sur la personne. L'*addictio judicati* survécut à la *manus injectio*. Cependant l'usage en devint moins fréquent par la faculté accordée au débiteur de faire la *bonorum cessio*, c'est-à-dire l'abandon général de ses biens à ses créanciers ce qui lui permettait de conserver sa liberté (L. 1, Code VII, 71). Cette *bonorum cessio* donnait aux créanciers le droit de vendre les biens de leur débiteur après avoir obtenu un envoi en possession (Gaius, Inst. III, §§ 78, 79). Cette vente était une vente en masse des biens du débiteur.

Avec la *bonorum venditio* nous arrivons aux voies d'exécution sur les biens. Cette vente générale est toujours précédée d'une *missio in possessionem*. Le patrimoine est vendu à celui qui s'offre à donner aux créanciers ce que l'on pourrait appeler le plus fort dividende. Ce *bonorum emptor* est substitué à la personne du débiteur vis-à-vis de ses créanciers, mais seulement jusqu'à concurrence du prix qu'il a offert. S'il est vrai que ce *bonorum emptor* ne devient pas propriétaire *ex jure Quiritium*, si pour intenter les actions qui relèvent du patrimoine qu'il vient d'acquérir, ou pour défendre à celles qui le grèvent, il est obligé de recourir à des actions fictices (Gaius, Inst. IV, § 35), il est cependant vrai qu'il succède à la totalité du patrimoine du débiteur dont il prend la place. La *missio in possessionem* et la *bonorum emptio* portent non pas sur tel ou tel bien mais sur tous les biens. Dès lors ce qui fait la sûreté des créanciers, ce n'est plus un gage portant sur la personne, mais un gage portant sur l'ensemble du patrimoine, un gage général.

Cette idée de gage intégral qui se manifeste dans la *bonorum venditio*, se retrouve dans une autre institution romaine, l'*usucapio pro herede*. Parmi les motifs que Gaius (Inst. II, § 55 *in fine*) donne de cette usucapion qui s'effectuait en dehors de toutes les règles, sans juste titre ni bonne foi, il indique qu'elle a été introduite « ut creditores haberent a quo suum consequerentur. » A défaut de débiteur les créanciers ne savaient à qui s'adresser, ne pouvaient obtenir d'envoi en possession ni par suite de payement ; le législateur facilite la prise de possession de la qualité d'héritier pour que les créanciers aient un débiteur à qui ils puissent s'adresser. Cette institution singulière se modifia et le préteur ne tarda pas à accorder aux créanciers le droit de vendre le patrimoine de leur débiteur mort sans héritier ; cependant elle tient une place remarquable, car on peut dire que c'est une transition entre l'idée de la personne répondant de la dette et le transport du droit de gage sur le patrimoine. Dans l'*usucapio pro herede*, en effet, le patrimoine se dissimule derrière la personne du débiteur. De même que le *bonorum emptor* devient héritier fictif de tout le patrimoine qu'il a acquis, de même celui qui usucape *pro herede* représente toute l'hérédité : dès lors les créanciers se trouvent en présence d'une personne répondant de l'obligation et peuvent exercer le moyen d'exécution générale que le législateur romain avait logiquement adapté à l'idée de gage général. La *bonorum venditio* ne fut pas non plus sans se modifier : le législateur frappé de certains inconvénients qu'elle entraînait tenta d'y remédier. Une des plus graves conséquences de la *bonorum venditio* était de rendre *infamis* celui dont le patrimoine était vendu. Des dispositions successives permirent d'appliquer un autre mode d'exécution, la *bonorum distractio*, vente en détail des biens du débiteur ; ce fut d'abord une faveur accordée aux personnes ayant le titre de *personæ claræ* ou quelque autre titre élevé. Puis ce fut un choix donné aux créanciers pour lesquels la *bonorum venditio* n'était pas sans inconvénients. Les cas de *bonorum distractio* devinrent chaque jour plus nombreux, et Justinien ne parle plus de la *bonorum venditio* que comme d'un souvenir historique et pour expliquer sa disparition (liv. III, t. XI, pr.).

Il faut cependant observer que le gage reste général, que c'est le mode d'exécution seul qui tend à devenir spécial.

Dans cette tendance à permettre l'exécution en détail, nous trouvons une autre institution : c'est le *pignus ex causa judicati captum* ; le magistrat autorise le créancier à faire saisir certains biens du débiteur. Mais comme cette saisie confère un droit de préférence au saisissant, elle constitue un gage particulier, un gage proprement dit, et à ce titre, ce mode d'exécution devra figurer plutôt dans l'étude spéciale du *pignus*.

Le droit français mettant à profit le travail des générations passées n'a plus à traverser les mêmes phases. Le principe général est que celui qui s'oblige oblige tous ses biens. Qui s'oblige oblige le sieu. Quant à la sanction de cette règle elle est telle que chaque créancier a le droit de saisie : plus de poursuite générale et collective ; au lieu de cela un droit individuel qui correspond assez bien à la dernière époque du droit romain. Ce n'est plus que dans certaines procédures particulières, telles que la faillite, que l'on trouve une procédure générale tant de la part du sujet passif que de l'objet du droit.

De telle sorte que le droit semble avoir fait un tour complet, et qu'après avoir porté directement sur la personne et indirectement sur le patrimoine, il porte directement sur les biens et indirectement sur la personne. Jusqu'à la suppression de la contrainte par corps cela était vrai. Mais depuis la loi de 1867 le droit d'exécution sur la personne n'existe plus et la sûreté des créanciers porte sur l'ensemble du patrimoine et directement. Mais ce droit de gage, précisément parce qu'il est général, ne donne pas satisfaction aux créanciers, pour les raisons que nous avons données plus haut. Ces imperfections s'étant manifestées de bonne heure, le législateur a senti qu'il devait fournir aux créanciers des moyens de se protéger, ou sanctionner ceux que les besoins de la pratique leur avaient suggérés.

Le droit romain présente tous ces contrats de garantie déjà très développés. Les sûretés accessoires qu'il met à la disposition du créancier qui croit prudent de les stipuler sont de deux sortes : réelles et personnelles.

Les sûretés personnelles consistent dans l'adjonction d'un débiteur au premier débiteur, et ont été pendant longtemps préférées aux sûretés réelles : cette préférence s'explique par le fait que la cité antique, lieu d'application du droit civil, était restreinte et que les citoyens se connaissaient. Mais avec l'extension de la cité et le développement des relations commerciales les rapports personnels perdirent de leur sûreté primitive, par conséquent diminuèrent la sécurité que les créanciers trouvaient dans les obligations personnelles accessoires pour mettre plus en lumière les avantages des sûretés réelles.

De même le droit français nous présente le principe du gage général à l'art. 2092. Mais cet article ne semble destiné qu'à faire ressortir les dérogations au principe qu'il pose et qui constituent des sûretés spéciales.

Parmi ces sûretés, c'est le gage qui va faire l'objet de notre étude.

DROIT ROMAIN

—

DU GAGE

—

Le contrat de gage est un contrat de garantie : il a
pour but d'assurer l'exécution d'une obligation par la
constitution au profit du créancier d'une garantie matérielle dont l'effet doit être d'écarter les dangers auxquels l'exposerait l'insolvabilité du débiteur. Cette
garantie résulte de l'affectation que le débiteur fait de
certains de ses biens au profit de son créancier d'une
manière spéciale. Sans que cela porte aucune atteinte à
l'obligation personnelle du débiteur, dont les conditions
restent absolument les mêmes, il en résulte qu'il y a
quelque chose de plus en faveur du créancier : il y a
un objet qui se trouve lié spécialement à l'obligation ;
c'est là ce qui crée une sûreté supplémentaire pour le

créancier, et si cet objet se trouve d'une valeur suffisante par rapport à la dette, il constitue une sûreté
très énergique qui le laisse sans inquiétude au sujet
des actes par lesquels le débiteur pourrait compro-
mettre son patrimoine.

A côté des sûretés réelles les Romains pratiquaient
le système des sûretés personnelles, pour lesquelles ils
conservèrent toujours une préférence marquée. L'avantage que présente la caution de porter sur l'universa-
lité du patrimoine du débiteur accessoire ne suffit pas
pour expliquer cette préférence, car elle aussi laisse le
créancier sans ressources contre la double insolvabilité du débiteur principal et du débiteur accessoire.

L'explication s'en trouve plutôt dans ce fait que les
relations personnelles offraient une grande sécurité
entre un nombre restreint de citoyens dont nul ne
devait être inconnu aux autres.

Avant de parvenir à la création d'un véritable contrat de gage tel que nous allons l'étudier, le droit romain subit plusieurs transformations. Le premier
moyen fut tout pratique, tout usuel, de ceux que la
nécessité inspire pour des hypothèses que le législateur n'a pas prévues et qui, successivement modifiées,
deviennent avec le temps de véritables conceptions juridiques.

C'est d'abord l'*aliénation fiduciaire* : par ce moyen,
le débiteur transférait à son créancier la propriété de
l'objet qui devait constituer la sûreté. Pour opérer cette

transmission de propriété, les parties employaient soit une *mancipatio*, soit une *cessio in iure*; le créancier, ainsi devenu propriétaire de ce qui devait être sa sûreté, s'obligeait, par une convention particulière, à rétrocéder la propriété qu'il venait ainsi d'acquérir, à son débiteur lorsque celui-ci se serait libéré. Les Sentences de Paul (liv. II, tit. XIII, §§ 5 et 7) nous montrent que la chose ainsi engagée s'appelait *fiducia* ou *res fiduciaria*. « *Si inter creditorem et debitorem convenerit ut fiduciam sibi vendere non liceat...* » « *Si creditor rem fiduciariam fecerit meliorem...* »

Il faut remarquer que la *mancipatio* ou la *cessio in jure fiduciæ causa* ne veulent pas dire forcément que l'acte ainsi réalisé est un engagement. C'est là seulement un usage dérivé que les parties faisaient des modes d'acquérir la propriété en cherchant à l'adapter au moyen du pacte de fiducie à leurs besoins présents. Cet acte pouvait être employé dans d'autres circonstances : on peut *fiduciam contrahere cum amico* en vue d'un dépôt. Ce qu'il y a de certain dans la *mancipatio fiduciæ causa*, c'est un transfert de propriété immédiat au profit du créancier. Ce qui donnera à l'acte le caractère d'un gage, ce sera la convention des parties corroborée par le pacte de fiducie par lequel le créancier (*accipiens*) s'engagera à faire une rétrocession de la propriété au débiteur lorsque celui-ci se sera acquitté.

Cette acquisition de la propriété est donc faite avec certaines clauses par rapport au créancier; elle est faite ainsi que l'exprime Gaius (C. II, § 60) *pignoris jure*. Il en découle certaines obligations qui soumettent le créancier à des règles particulières dérivant de l'idée que l'acte juridique accompli a pour cause la volonté de constituer un gage. Le droit du créancier se trouve restreint dans la mesure du but qu'il poursuit, c'est-à-dire qu'il doit seulement s'exercer de manière à assurer l'exécution de l'obligation.

C'est ainsi que le créancier doit imputer sur sa créance tout ce qu'il acquiert au moyen de l'esclave engagé : « *Quidquid creditor per fiduciarium servum quæsivit, sortem debiti minuit* » (Paul, *Sent.*, L. 2, t. XIII, § 2), et d'une façon plus générale il doit imputer de la sorte tout ce qu'il acquiert à l'occasion de la chose. De même il doit s'abstenir de tout ce qui est de nature à occasionner des dégradations à la chose (Paul, *Sent.*, L. 4, t. XII, § 6). Lorsqu'à défaut de payement le créancier a vendu la chose, il doit tenir compte au débiteur de l'excédant du produit de cette vente : « *Debitor, distractis fiduciisa creditore, de superfluo adversus eum habet actionem* » (Paul, *Sent.*, L. 2, t. XIII, § 1). Enfin, il ne doit pas vendre le gage avant l'échéance, puisqu'à tout moment le débiteur, en lui offrant le payement, peut l'obliger de le lui restituer par l'action *fiduciæ directa*.

Cependant il est plein propriétaire à l'égard des tiers ; il n'est donc pas impossible qu'il vende la *fiducia* avant l'échéance de la dette, et celui qui l'aura ac-

quise n'aura pas à souffrir des revendications du débiteur qui était dessaisi de la propriété de la *fiducia*.

Il y a donc d'une part droit réel au profit du créancier, droit de propriété complet, absolu, d'autre part,
à sa charge une simple obligation de faire, le cas
échéant, un nouveau transfert de propriété. Car il ne
faut pas parler de condition résolutoire qui remettrait
la chose aux mains du débiteur ; le payement intégral
ne suffit pas pour lui rendre sa qualité de propriétaire ;
les parties devront pour cela recourir à un des modes
d'aliénation de la propriété que la loi met à leur disposition, comme ils ont fait pour la première aliénation ;
et si le créancier, manquant à ses obligations, se trouve
devenu insolvable, l'action personnelle du débiteur,
directa fiduciæ, devenue illusoire, le laissera sans aucun
recours contre ceux qui auraient acquis la *fiducia* du
créancier. L'institution dépassait de beaucoup, on le
voit, la juste limite qui assurait suffisamment les droits
du créancier comme ceux du débiteur. Ce créancier
armé des droits d'un plein propriétaire, ce débiteur
dépourvu de tout droit réel sur la *fiducia* même après
qu'il s'est libéré, n'avaient pas dans la pratique ces situations tranchées. Il était bien dans la nature des
choses que le débiteur continuât encore d'être regardé
comme propriétaire, et c'est en effet ce qui avait lieu
le plus souvent comme le montrent divers textes.

C'est cette idée que l'on trouve, par exemple, dans les
Sentences de Paul (L. 2, t. XIII, § 3) : « *Debitor si aliis*

vendere velit, potest, ita ut ex pretio ejusdem pecuniam offerat creditori, atque ita remancipatam sibi rem emptori præstet. » Le débiteur qui n'a pas d'autres ressources peut vendre la *fiducia*; avec le prix qu'il en retirera, il pourra désintéresser son créancier qui devra lui remanciper la chose. A ce moment le débiteur sera en position d'exécuter les obligations que la vente a mises à sa charge.

Gaius (C. II, § 220) présente le cas d'un legs *perpræceptionem* portant sur une chose qui a été mancipée *fiduciæ causa*. Ce legs est reconnu valable, quoique portant sur une *res aliena* au sens strict. Cependant c'est probablement par un sentiment de la réalité des choses qu'on a considéré que le débiteur n'était pas tout à fait étranger à la *fiducia* et que ce legs est valable.

Cependant il faut reconnaître qu'il n'y a pas à hésiter sur le principe qui est absolu et qui retire au débiteur tout droit dans la *fiducia*, pour ne lui laisser que son action personnelle.

L'*usureceptio* apporte quelques améliorations à cette situation fâcheuse du débiteur. L'*usureceptio* est un mode particulier d'usucapion qui a des règles tout à fait exceptionnelles. Elle permet au débiteur qui a fait une aliénation *fiduciaire* de recouvrer son droit de propriété après une possession d'un an, et sans bonne foi de sa part. Il pouvait l'invoquer dans tous les cas s'il s'était libéré ; dans le cas contraire, c'est-à-dire s'il

n'avait pas encore désintéressé son créancier, le débiteur pouvait seulement invoquer l'*usureceptio* au cas où
sa possession n'avait pas pour cause un louage ou un
précaire de la *fiducia*, que lui aurait concédé le créancier (Gaius, C. II, § 60); protection bien insuffisante,
puisque pendant le temps nécessaire à l'*usureceptio* la
possession pouvait être troublée, et aussi parce que le
créancier, toujours propriétaire, conservait la possibilité
d'aliéner la *fiducia*.

Ces derniers mots présentent les moyens employés
par les Romains pour diminuer l'exagération des
effets de l'aliénation fiduciaire. Le débiteur se trouvait
privé de la possession de sa chose qui était entre les
mains du créancier; il pouvait cependant avoir un
grand intérêt à s'en servir. La pratique avait imaginé
de faire intervenir soit le précaire, soit le louage. Le
créancier mis en possession de son gage, le remettait
à titre de précaire ou de louage à son débiteur. Le
louage se faisait alors pour un prix non sérieux,
nummo uno. Cependant ces deux moyens ne présentaient qu'une protection insuffisante pour le débiteur.
D'abord, s'il y avait eu un précaire, celui-ci pouvant
toujours être révoqué à la volonté du créancier, la sûreté du débiteur était bien fragile. Au contraire, dans
le louage, le contrat liant l'une et l'autre partie, la sécurité du débiteur était plus grande.

Mais pour le précaire comme pour le louage, le plus
grave inconvénient consistait dans la faculté d'alié-

ner même avant l'échéance, faculté que le créancier trouvait dans son droit de propriété. Cependant on a soutenu que le précaire suffisait à protéger le débiteur contre cette possibilité d'aliénation de la *fiducia*, et cela parce que le précariste possède, tandis que le *conductor* ne possède pas.

Il y a une théorie qui dit qu'on ne peut pas aliéner les choses si on ne les possède pas. Or, si le créancier a donné la chose en précaire à son débiteur, il s'est complètement dessaisi de la possession, à la différence de ce qui aurait eu lieu s'il la lui avait donnée à loyer; par conséquent il s'est, par la constitution même du précaire, retiré la possibilité d'aliéner la *fiducia*. A ce titre on a vu dans le précaire un moyen de garantir absolument le débiteur.

On peut répondre que cette protection est illusoire pour deux motifs : d'abord le débiteur qui fait une aliénation fiduciaire ne peut pas contraindre son créancier à lui consentir un précaire. En second lieu on peut dire que le seul fait d'aliéner implique de la part du créancier volonté de révoquer le précaire, et cette possibilité de révoquer à tout moment est de l'essence du précaire. On voit donc que dans l'un comme dans l'autre cas les inconvénients que comportait l'aliénation fiduciaire n'étaient pas évités, et qu'ils nécessitaient des modifications.

Le *pignus* ou contrat de gage proprement dit, réalise une amélioration sur l'aliénation fiduciaire. Dans ce contrat la remise du gage au créancier a pour effet de lui transmettre non plus la propriété mais seulement la possession. Le débiteur reste propriétaire de sa chose sur laquelle le créancier n'acquiert de droits que dans la mesure nécessaire à sa sûreté. Le droit de ce dernier est d'abord tout négatif; le moyen pour lui de se faire payer consiste dans la détention du gage, par suite dans la privation que le débiteur en ressent, c'est là ce qu'on appelle le droit de rétention.

Avec le temps des modifications furent introduites qui assurèrent et étendirent la garantie du créancier; celle-ci consistait tout entière dans la possession du gage; par conséquent, avec la perte de la possession toute sûreté s'évanouissait pour le créancier. La création des interdits possessoires combla cette lacune; du jour où ces interdits furent à la disposition du créancier le droit de celui-ci acquit une force beaucoup plus grande. A défaut des interdits le créancier pouvait, au moyen de la *procuratio in rem suam*, exercer l'action en revendication du débiteur, mais il fallait que celui-ci voulût bien la lui céder. Les interdits, au contraire, il les avait en son propre nom.

Un autre perfectionnement fut apporté au *pignus* par l'admission du droit de vendre le gage pour se payer sur le prix. Ce droit de vente, d'abord conventionnel, passa par diverses phases avant de devenir légal. Nous retrouverons ce point en traitant des effets du contrat de gage.

Ce mode de constituer un gage portait avec lui, de même que l'aliénation fiduciaire, l'inconvénient que l'objet remis en la possession du créancier, fût-il d'une valeur beaucoup plus considérable que la dette garantie, devenait impropre à être engagé de nouveau. Un contrat de gage épuisait toute sa valeur de crédit. L'inconvénient de priver le débiteur de la possession du gage lui était aussi commun avec l'aliénation fiduciaire, et l'on y remédiait, comme pour celle-ci, au moyen du louage et du précaire.

L'*hypothèque* fut l'institution qui vint compléter ce qui manquait au *pignus* et à l'aliénation fiduciaire. Elle prit naissance dans une hypothèse spéciale : un fermier n'avait en général à donner en gage au propriétaire aucun autre bien que ses instruments aratoires dont l'usage lui était cependant indispensable pour cultiver. Le préteur Servius admit la validité de la convention par laquelle le preneur d'un bien rural affectait ses instruments et les choses qu'il apportait dans la ferme (*res coloni-invecta et illecta*) à la garantie des fermages. Ces objets restaient en sa possession, mais à défaut de payement le propriétaire pouvait les faire vendre.

Les avantages que présentait cette institution la firent généraliser, et on admit que le débiteur pourrait, par convention expresse, engager à ses créanciers ses biens meubles ou immeubles, sans s'en dessaisir, et que les biens ainsi hypothéqués seraient grevés d'un droit réel au profit des créanciers. Jusqu'à l'échéance le débiteur reste donc propriétaire et possesseur de sa chose, il peut l'hypothéquer à plusieurs, et par ce moyen il trouvera un crédit à peu près égal à la valeur du bien hypothéqué ; et entre plusieurs créanciers hypothécaires concourant sur le même objet, leur rang respectif sera déterminé par la règle *prior tempore potior jure.*

Quoique l'hypothèque pût porter sur les meubles comme sur les immeubles, le gage continua d'être plus généralement employé pour les meubles et l'hypothèque pour les immeubles. Avec le temps l'hypothèque ne fut plus seulement conventionnelle. Lorsque des situations favorables se présentaient, le législateur donnait une hypothèque en dehors de toute convention, et ces hypothèques tacites ou légales devinrent fréquentes ; on alla plus loin dans cette voie: à l'exemple de ce qui existait pour les créances chirographaires, parmi lesquelles il y en avait qui à raison de leur qualité avaient un privilège, étaient préférées à d'autres, le législateur romain admit des hypothèques privilégiées qui primaient les hypothèques conventionnelles. Leur multiplicité ainsi que le défaut de publicité des hypothèques contribuèrent beaucoup à maintenir l'usage du gage et peut-être même aussi à prolonger l'application de l'aliénation fiduciaire.

Entre le *pignus* et l'hypothèque il y avait des ressemblances qui devinrent si nombreuses que Marcien a pu dire : «❘ *Inter pignus et hypothecam tantum nominis sonus differt* » (L. 5, D., IX, 1). Entre ces deux institutions il y a cependant toujours eu une différence fondamentale : c'est que dans le *pignus* la possession du gage passe au créancier ; c'est même une condition indispensable du contrat ; dans l'hypothèque au contraire la possession reste aux mains du débiteur ; c'est seulement par l'exercice de l'action hypothécaire à l'échéance qu'il peut en être saisi.

Après cet aperçu rapide et fort incomplet des diverses combinaisons nées dans l'esprit des jurisconsultes romains pour donner toute sécurité aux prêteurs, en assurant autant que possible l'exécution de leurs créances, nous devons nous restreindre, pour étudier en détail celui de ces différents contrats de garantie qui porte spécialement le nom de *pignus*.

Cette étude se groupe autour de deux points principaux :

1° Quelles sont les conditions nécessaires pour que le *pignus* prenne naissance, et qu'il ait aux yeux de la loi une existence régulière ?

2° Une fois le contrat formé, quels sont ses caractères et quels effets produira-t-il ?

FORMATION DU CONTRAT DE PIGNUS

Le gage est un contrat qui se forme *re* ; c'est-à dire un contrat par lequel un débiteur remet une chose à son créancier pour assurer le recouvrement de sa créance. Les Instituts de Justinien, livre III, titre xiv, § 4, le rangent bien dans la catégorie des contrats qui se forment *re* « *creditor quoque qui pignus accepit re obligatur...* »

Puisque le gage est un contrat *re*, il y a deux idées distinctes à étudier au sujet de sa formation. C'est un contrat, donc nous devons nous demander quel sera le rôle de la convention ; c'est un contrat *re*, par conséquent il faut chercher quel sera le rôle de la possession.

Pour nous, le *pignus* n'est parfait en principe qu'autant qu'il réunit ces deux éléments : un consentement valable, et une tradition de la chose engagée.

Cependant au point de vue de la formation du contrat, ce dernier point a pu être mis en doute et on a pu soutenir en s'appuyant sur la loi 1 pr., D., XIII, 7, que le gage peut être constitué par simple convention, la possession n'intervenant que pour donner une garantie de fait au créancier. Mais pour comprendre que telle n'est pas la nature du *pignus* proprement dit, demandons-nous à quoi une semblable doctrine aboutirait en réalité ? A faire naître des obligations avant la prise de possession. Et sur quoi porteraient ces obligations ?

Evidemment ce ne peut être sur le contrat préexistant dont le gage n'est que l'accessoire, puisqu'il est parfait par hypothèse.

Ce ne peut pas être davantage sur les obligations que l'objet engagé peut faire naître entre les parties puisque ces obligations ne consisteront qu'à restituer ou à tenir compte de l'usage qu'aurait pu en faire le créancier, et que précisément on suppose qu'il n'y a pas eu remise de cet objet.

Ces obligations nées d'une simple convention de *pignus* ne pourraient donc porter que sur la livraison : le débiteur, par le seul fait de la convention, serait obligé de livrer, comme par la seule convention de dépôt il serait obligé de recevoir en dépôt, comme pour le commodat ou le *mutuum* il serait obligé de livrer à réquisition du créancier.

Est-ce conforme aux idées générales romaines ?

Non ! Car nous savons que *ex nudo pacto actio non nascitur*, et que la stipulation est citée comme le seul moyen de faire naître des obligations réciproques lorsqu'on l'a fait intervenir de part et d'autre.

Il est vrai qu'on trouve sur le gage des textes contraires à notre opinion et qui établissent que la simple
convention suffit pour faire un contrat de *pignus*. La
loi 1, pr., D. XIII, 7, porte en effet : « *Pignus contrahitur non sola traditione, sed etiam nuda conventione etsi
non traditum est.* » Ainsi, d'après ce texte, le droit de
gage se constitue non seulement par la tradition, mais
encore par la simple convention, et pour qu'il n'y ait
pas de doute sur sa pensée, Ulpien ajoute « *etsi non
traditum est.* » Mais ce texte ne nous paraît pas devoir
être entendu dans un sens aussi large ; il ne doit pas
être expliqué seul et séparé des textes qui le suivent :
les §§ 1 et 2 de la même loi l'éclairent, le présentent comme un principe d'exception, et lui font signifier qu'il y a des cas où la tradition visée, celle qui
était dans l'esprit des parties, n'ayant pas eu lieu,
la chose même qui aurait dû être livrée, mais qui ne
l'a pas été, est cependant engagée.

La § 1er en est l'explication : voici un débiteur
qui présente à son créancier un objet en or, comme
devant le lui donner en gage ; puis, au moment de
la tradition, à cet objet d'or il en substitue un autre
qui est de cuivre. D'après les principes le cuivre
ne peut être engagé puisqu'à son sujet il n'y a pas eu
accord des volontés des deux parties, et que la tradition à elle seule est inefficace. Mais Ulpien décide que
l'objet d'or sera engagé. Il faut considérer que c'est

une décision toute spéciale qui a sa cause dans la situation digne d'intérêt d'un créancier trompé par son débiteur. Il nous semble donc que c'est forcer le sens de ce texte que de lui faire signifier d'une manière générale que le seul consentement suffit à créer le gage.

Le texte suivant fournit la preuve de ce que nous avançons : ici l'objet présenté comme devant être engagé est en cuivre, et c'est bien cet objet même qu'a vu le créancier et qui lui a été livré ; seulement le débiteur a affirmé qu'il était en or. Dans ce cas Ulpien revient au principe : il y a eu accord sur le *corpus*, il y a eu tradition, l'objet sera engagé ; et comme le contrat existe, le débiteur sera tenu par l'action *pigneratitia contraria* de dédommager son créancier du tort qu'il lui a causé par sa mauvaise foi.

La loi 23, § 1, D., XX, 1, peut être présentée aussi comme un argument pour prouver qu'il y a gage par le seul effet du consentement en dehors de toute convention : « *Pignoris obligatio etiam inter absentes recte ex contractu obligatur.* » En effet, dira-t-on, l'obligation résultant du contrat de gage prend valablement naissance dans la convention faite entre absents ; c'est donc que le *consensus*, seul élément possible entre absents, est suffisant à créer le contrat.

Pour détruire ce raisonnement, il suffira de faire observer que l'autre élément que nous déclarons ndispensable, la tradition, peut parfaitement se réaliser *etiam inter absentes*. Quel empêchement, en effet, y aurait-il à ce qu'un esclave du créancier, ou une personne quelconque en sa puissance, reçût l'objet engagé pour son chef de famille? L'objet engagé ne pourrait-il pas être porté dans la maison du créancier? Sous Justinien même, la tradition pourra être acquise *per procuratorem*.

Ces textes n'établissent donc pas, à notre avis, la règle que la simple convention, même dépourvue de tradition, suffise à faire naître un véritable droit de gage.

Nous ne connaissons pas de textes qui donnent une solution différente pour les trois autres contrats réels, et qui prouvent qu'ils existent indépendamment de la tradition.

Pour le mariage même, qui n'est pas classé parmi les contrats réels, il y a désaccord sur le point de savoir s'il est parfait *solo consensu*, ou s'il exige quelque chose de plus. On cite, il est vrai, des textes qui semblent bien présenter les *justæ nuptiæ* comme résultant de la seule volonté (*Sent.*, Paul, II, 20 ; L. 33, D. XXIII, 2); mais outre que ce qu'on décide pour le mariage ne présente que des arguments éloignés pour le cas du contrat de gage, on peut faire observer qu'il a trait aux personnes, et que la règle *ex nudo pacto actio non nascitur*, sur laquelle nous nous appuyons, est applicable seulement aux biens. On comprendrait bien que la nature des obligations qu'engendre le mariage n'ait pas d'autre cause que le consentement.

Mais remarquons que même dans ce cas on admet généralement que la possession ou la possibilité de possession est requise. C'est par la *deductio in domum mariti*, qui est le signe de cette mise à la disposition du mari, qu'on explique que l'homme puisse se marier bien qu'absent, et que la femme absente ne le puisse pas (*Sent.*, Paul, L. 2, t. XIX, § 8; L. 5, D., XXIII, 2).

On ne peut pas dire que le droit réel de *pignus* soit quelque chose de particulier, d'indépendant du contrat de gage lui-même. Or celui-ci n'existe pas véritablement à défaut de possession; par conséquent la convention étant intervenue, il ne se peut pas, en vertu de la règle que les droits réels ne se forment pas par la seule convention que le gagiste exerce un droit réel qu'il n'a pas encore. Or ce serait exercer ce droit que d'agir au moyen d'un interdit, d'autant plus que cet interdit ne pourrait être qu'*adipiscendæ possessionis*. Or, on nous cite comme tel l'interdit *quorum bonorum*, qui n'appartient qu'au *bonorum possessor*, et ce n'est pas notre cas, et l'*interdit Salvien*. On dit que ce dernier est donné au gagiste pour entrer en possession. Si cela était vrai, il faudrait reconnaître que la simple convention impuissante à créer le contrat, à proprement parler, aurait pu donner le droit réel au créancier. Mais il paraît démontré aujourd'hui que cet interdit n'appartient qu'au bailleur d'un bien rural et qu'il ne lui appartient que sur les *invecta et illata*, c'est-à-dire sur des biens déjà apportés. Enfin ces deux interdits étaient donnés par le préteur; on peut donc dire que ce n'était pas la convention des parties seule qui leur donnait naissance, mais qu'ils venaient d'une source régulière d'acquisition des droits réels : la *lex*.

D'autre part il n'est pas vraisemblable que le seul refus du débiteur de transférer la possession entrave complètement le créancier. Que devait donc faire celui-ci? Aller en justice ; et comme il s'agissait d'une action réelle, le défendeur devait donner la caution *judicatum solvi*, sinon le juge donnait des interdits *tam adipiscendæ quam recuperandæ possessionis*. Mais c'était le résultat d'une règle de procédure et non du droit réel de *pignus*.

Il ne paraît donc pas, au moins au droit classique, que la simple convention de *pignus* fût suffisante pour faire naître le gage. Tout ce qu'on peut donc dire c'est qu'à la rigueur, dans le droit de Justinien, il en fut ainsi, soit par cette idée que le gage et l'hypothèque se confondent, soit par l'idée d'une interpolation des textes cités.

Puisque le gage est un contrat *re*, il en résulte que deux éléments lui sont tout d'abord indispensables : le *consentement* et la *tradition*.

Le consentement nécessaire pour constituer un gage n'est assujetti à aucune formalité spéciale. Ce que dit la loi 4,D., XX, 1, de l'hypothèque doit s'entendre également du *pignus* : « *Nec ad rem pertinet quibus fit verbis, sicuti est et in his obligationibus quæ consensu contrahuntur.* » Aucune solennité n'est donc nécessaire pour la constitution d'un gage; il suffit d'un consentement valablement donné et exempt des vices du droit commun. Ce n'est pas à dire que le gage s'établisse toujours par une volonté réciproque des deux parties qui veulent : l'une recevoir un gage, l'autre constituer ce genre de sûreté. Le gage peut, en dehors de la convention trouver sa source dans une disposition de dernière volonté. Il peut aussi prendre naissance sur un ordre du magistrat, c'est le *pignus prætorium* ou le *pignus in causa judicati captum.*

L'autre élément indispensable au *pignus*, c'est la tradition qui doit mettre le créancier en possession de sa sûreté. Cette tradition diffère de celle qui intervient dans le cas de *mutuum*; il n'est nullement nécessaire qu'elle soit translative de propriété. Comme dans le commodat et dans le dépôt, il suffit que le créancier reçoive la *nuda traditio*. Cependant remarquons que cette *nuda traditio* confère au gagiste des droits plus sérieux qu'elle n'en procure au commodataire ou au dépositaire. Ceux-ci n'ont, en effet, que la simple détention de la chose, tandis que la possession du créancier gagiste lui donne droit aux interdits; il a une véritable possession dans la mesure de son droit.

OBJET DU GAGE

Pour qu'une chose puisse être l'objet d'un contrat de gage, il faut qu'elle soit dans le commerce et qu'elle soit susceptible de tradition. Par conséquent, tout ce qui est hors du commerce ne peut être donné en gage : c'est ainsi que le fils de famille ne peut être engagé ; la peine de la *relegatio* est même prononcée contre le créancier qui sciemment a reçu un tel gage (L. 5, D., XX, III ; *Sent.*, Paul, L. 5, t. I, § 1). Les choses litigieuses (1, § 2, D.,XX, III) les statues destinées à la décoration, des villes, (21, C. 1, 2), le sol devenu *res religiosa* parce qu'on y a déposé un cadavre (3, C.,VIII, 17) sont impropres à fournir l'élément d'un contrat de gage.

Mais certains biens peuvent être dans le commerce en général, et être parfois *extra commercium* pour certaines classes de personnes d'une manière toute relative. Cela n'est pas un empêchement à la constitution d'un gage sur cette chose. Peu importe que le créancier soit personnellement incapable d'acquérir la chose sur laquelle le gage doit être constitué pourvu qu'elle ne soit pas d'une manière absolue hors du commerce. C'est la pensée qui se trouve loi 24, D. XX, 1 : « *In quorum finibus emere quis prohibetur, pignus accipere non prohibetur.* »

Pour qu'une chose soit susceptible de tradition il faut qu'elle soit corporelle. Parmi les choses corporelles nous voyons les meubles et les immeubles. Les meubles principalement étaient donnés en gage, la tradition en était facile et elle donnait toute sécurité au créancier. Cette tendance naturelle à constituer le gage surtout sur des meubles est indiquée loi 23, § 8, D., L, XVI : «*Pignus appellatum a pugno, quia res quæ pignori dantur manu traduntur; unde etiam videri potest verum esse quod quidam putant pignus proprie rei mobilis constitui.* » La même idée se trouve reproduite dans les Institutes de Justinien, *De actionibus*, § 7. Mais si ces textes fournissent la preuve que le gage portait principalement sur des objets mobiliers, il ne faut pas aller jusqu'à dire qu'il ne pouvait porter que sur des objets de cette sorte. Il ne faut y voir que l'expression de ce qui se pratiquait le plus habituellement et non un principe qui aurait établi l'inaptitude des immeubles à être engagés. De nombreux textes prouvent que rien ne s'opposait au gage des immeubles (voir notamment loi 31, D., XX, 1 ; 18, § 2, D., XIII, 7 ; 3, C., IV, 24).

Seulement, en fait, le plus souvent pour les meubles faciles à faire disparaître on employait le gage ; pour les immeubles non susceptibles d'être déplacés, l'hypothèque présentait au créancier une garantie suffisante.

La tradition, élément indispensable du contrat de *pignus*, en éloignait naturellement les choses incorpo-

relles. En effet, comment concevoir la remise maté.
rielle d'une chose qui n'existe qu'intellectuellement ?
C'est le principe exprimé par la loi 43, § 1, D., XLI, 1 :
« *Incorporales res traditionen non recipere manifestum
est.* » Il fallut attendre que le préteur eût admis la
quasi-tradition pour que les droits puissent être donnés
en gage.

Du jour où la quasi-tradition fut admise, tous
les droits en principe purent devenir un moyen de
crédit, les créances purent être engagées; c'est ce que
dit la loi 18 pr., D., XIII, 7 : « *Si convenerit ut nomen
debitoris mei tibi pignori sit, tuenda est a prætore hæc
conventio.* » Le créancier gagiste aura droit de recevoir le payement de la créance qui lui est engagée, et
il compensera ce qu'il aura ainsi reçu, si la créance
qui lui est engagée est d'une somme d'argent; si elle
est d'un corps certain, il la reçoit également et elle est
entre ses mains *pignoris loco.*

L'usufruit peut aussi être donné en gage et cela dans
deux conditions qui nous sont indiquées l'une et l'autre
par la loi 11, § 2, D., XX,1. Il peut être engagé soit par
le propriétaire de la chose, soit par l'usufruitier lui-
même. Dans l'un et l'autre cas le créancier gagiste
exercera le droit d'un usufruitier, il sera en possession
de la chose, il en jouira. Cependant son droit sera
moindre que celui d'un usufruitier; en percevant les
fruits il n'en acquerra pas la propriété, mais il aura

seulement sur eux un droit de gage ; si cependant des intérêts lui étaient dus, il pourrait les compenser.

A défaut de payement à l'échéance le créancier pourra vendre l'usufruit à un tiers et se payer sur le prix. Si l'usufruit a été engagé par un usufruitier, le créancier gagiste pourra également vendre l'exercice du droit qui lui a été engagé, mais ce droit se maintiendra dans les limites qu'il avait lorsqu'il a été constitué, c'est-à-dire que l'usufruit s'éteignant par la mort de l'usufruitier, le droit du créancier ou du tiers auquel il a vendu disparaîtra également.

Le droit de l'usager, tout personnel, ne peut être engagé. Quant à l'habitation, au moins sous Justinien, elle peut donner le droit de louer (Inst., Just., II, V, § 5) par conséquent elle peut faire l'objet d'un gage. Il faut en dire autant et pour la même raison des *operæ servi aut animalis* (L. 2, D., XXXIII,2).

Nous avons dit avec la loi 11,§ 2,D.,XX,1,que l'usufruit peut être engagé soit par le propriétaire de la chose sur laquelle il porte, soit par l'usufruitier.

Voyons maintenant si les servitudes prédiales peuvent être engagées et quelles sont les conséquences de cet engagement. A ce sujet nous devons faire une distinction entre les servitudes urbaines et les servitudes rurales. La loi 11, § 3, D., XX, 1, refuse toute possibilité d'engager les servitudes urbaines qu'il s'agisse d'une servitude constituée ou d'une servitude non encore constituée. « *Jura prædiorum urbanorum*

pignori dari non possunt. » Au contraire les *servitu-
tes prædiorum rusticorum* peuvent être engagées
(12, D., XX, I). Cette différence peut s'expliquer
si l'on songe que les servitudes prédiales urbaines supposent en général un ouvrage, un travail plus ou moins
important au moyen duquel la servitude pourra s'exercer, travail qui semble fait pour une longue durée,
tandis que le gage est temporaire de sa nature. Les
servitudes rurales, au contraire, ne supposent pas ce
travail pour pouvoir être exercées : c'est le droit de
passage, d'aqueduc, qui s'exercent avec intermittence,
sans supposer de travail particulier, et qui cessent sans
difficulté le jour où le gage viendra à être éteint par le
payement de la dette principale. Il faut aussi tenir
compte du peu de faveur que les Romains ont accordé
aux servitudes urbaines qui ne sont utiles qu'à un petit
nombre de voisins, tandis que les grands avantages que
les servitudes rurales pouvaient procurer à l'agriculture
les ont rendues l'objet de la protection du législateur. Le
gage d'une servitude rurale peut se présenter dans deux
hypothèses : 1° la servitude peut être déjà établie;
2° elle peut n'être pas encore constituée.

S'il s'agit d'une servitude déjà établie, elle constitue
une qualité inhérente au fonds dominant, elle en est
inséparable, et à ce titre ne peut être engagée qu'avec
lui (L. 16, D., VIII, 1).

S'il s'agit d'une servitude non encore établie, la situation est plus délicate : Le débiteur, propriétaire

d'un fonds, donne en gage à son créancier une servitude rurale à établir sur ce fonds. Ici nous déclarons encore que la servitude n'est pas engagée. La loi 12, D.,XX,1, ne le dit pas. Les mots *conventio, pactio* qui y sont répétés montrent qu'on se trouve en présence d'une convention à laquelle le préteur donnera des effets utiles, mais qui n'est pas définitive.

En effet, comment supposer qu'une servitude puisse être ainsi engagée, au sens strict du mot ? Nous ne trouvons pas la *causa perpetua* nécessaire à l'établissement d'une servitude puisque le gage est de sa nature temporaire ; il y a seulement un pacte destiné à conférer au créancier les avantages de la servitude, mais rien autre. La servitude ne sera véritablement engagée que le jour où la dette principale arrivée à échéance et non payée le créancier vendra cette servitude. Il serait plus exact de dire qu'il a mandat du débiteur pour constituer cette servitude. C'est le sens qui ressort de ces mots « *vendere vicino liceat.* » Du moment où le gage se trouvera réalisé, la *causa perpetua* existera.

On peut aussi constituer en gage un droit d'emphytéose, un droit de superficie (16, § 2, D., XIII, 7). Lorsqu'il les vendra pour se faire rembourser, le créancier ne pourra céder à l'acquéreur des droits plus étendus que ceux que le débiteur lui-même possédait.

Le gage lui-même peut être donné en gage par le créancier à son propre créancier. C'est le *pignus pi-*

gnoris (13, § 2, D. XX, 1 ; 40, § 2, D. XIII, 7). Ce gage subsistera tant que le débiteur propriétaire de la chose ne se sera pas libéré.

Mais si le premier débiteur paye sa dette, le droit du second créancier s'évanouit de suite, et il doit restituer le gage... « *Domino solvente pecuniam quam debuit, secundi pignoris neque persecutio dabitur, neque retentio relinquetur.* » Le premier créancier ne pouvait en effet transférer à son propre créancier plus de droits qu'il n'en avait lui-même. On voit que le gage du second créancier ainsi restreint pourra être peu efficace. Il en sera ainsi surtout lorsque le payement sera d'une somme d'argent, car alors le créancier compensera cette somme avec ce qui lui est dû. Au contraire, lorsque la chose payée sera un corps certain, celui-ci sera engagé au second créancier (13, § 2 *in fine*, D. XX, 1).

CAPACITÉ D'ENGAGER ET DE RECEVOIR EN GAGE

Les conditions de capacité exigées des parties qui veulent faire un *pignus* se rapportent à deux idées distinctes : elles ont pour raison d'abord le *jus in re* que confère le contrat, en second lieu les obligations qu'il fait naître ou peut faire naître à la charge de chacun des contractants. Dans l'un et l'autre cas il faut distinguer la capacité active ou de donner, et la capacité passive ou de recevoir le gage.

Conditions de capacité tenant au *jus in re* : pour atteindre le but cherché, qui est de donner au créancier
la possession du gage et de la lui conserver, il faut que
le débiteur soit propriétaire de l'objet qu'il engage.
Autrement le créancier n'aurait pas la sûreté qu'il
voulait obtenir, pouvant se trouver dans l'impossibilité
de résister à une action en revendication que le véritable propriétaire viendrait intenter et qui dépouille-
rait le créancier de la garantie sous laquelle il avait
contracté. Il faut qu'il soit assuré de conserver la possession jusqu'à l'échéance de la dette principale : pour
cela il faut que son débiteur soit propriétaire. «...*Jure
pignoris teneri non posse nisi quæ obligantis in bonis fue-
rint...* » (L. 6, C. VIII, 16). Cela ne veut pas dire que
ceux-là seulement pourront engager qui auront sur un
objet la pleine propriété civile ou prétorienne qui ne
sont que des modes de la propriété ; il y a des droits
qui sans être compris sous la dénomination de propriété figurent cependant dans le patrimoine. Ce sont
des qualités de la propriété qui constituent elles-mêmes une propriété et que celui qui en est titulaire peut
parfaitement engager. Nous avons vu que l'emphytéote,
le superficiaire, l'usufruitier, le simple créancier même
et le créancier gagiste peuvent engager les droits qui
leur compètent. Seulement ces droits ne sont que des
démembrements de la pleine propriété ; l'usage qu'on
en fait diffère de l'un à l'autre, et la sûreté ainsi constituée sera soumise à sa naissance, pour son exercice

et pour son extinction à toutes les modalités du droit même qui en est la base. De sorte qu'on peut dire qu'un débiteur peut engager toutes les choses faisant partie de son patrimoine pourvu que ces choses n'y répugnent pas par leur nature ou des dispositions de la loi, et pourvu que celui qui les engage ait sur elles et dans leur limite un droit exclusif.

De ce que nous venons de dire sur la nécessité pour le débiteur d'être propriétaire de ce qu'il engage résulte naturellement la nullité du gage *de la chose d'autrui*. Le *non dominus* ne peut pas plus conférer au créancier un droit de gage sur la *res aliena* qu'il ne pourrait l'en rendre propriétaire. C'est ce que signifient les lois 2, D. XIII, 7 et 6, C. VIII, 16. Le créancier qui accepterait un gage de son débiteur sans s'être enquis si celui-ci en est bien propriétaire se verrait exposé à la revendication du véritable maître de cet objet pour qui la constitution de gage a été *res inter alios acta*.

Mais cela n'est pas un obstacle à la naissance des obligations entre le créancier et le débiteur. Ainsi, le *non dominus* peut réclamer au créancier désintéressé la restitution de l'objet remis en gage, sans que le créancier puisse lui opposer son défaut de propriété. C'est ce que décide la loi 9, § 4, D. XIII, 7 : « *Is quoque qui rem alienam pignori dedit, soluta pecunia, potest pigneratitia experiri* » (voyez aussi L. 22, § 2, D., *hoc tit.*).

De son côté, le créancier pourra intenter l'action *pigneratitia contraria* pour se faire indemniser par son débiteur lorsqu'il aura été dépossédé du gage par la revendication du propriétaire, et cela quand même le débiteur aurait été de bonne foi. Mais lui, le créancier a dû, pour avoir cette action, ignorer le vice de la chose (16, § 1, D., XIII, 7).

S'il en a eu connaissance, il peut dès le début refuser de recevoir ce gage qui peut lui être enlevé et en exiger un autre. Si ce n'est qu'au cours du gage qu'il a connaissance que la chose n'est pas à son débiteur, il ne peut pas en exiger une autre tant qu'il n'est pas troublé par la revendication du propriétaire. Mais quand ce trouble survient, comme il a été de bonne foi, il peut intenter l'action *pigneratitia contraria*.

Le gage de la chose d'autrui n'est pas fatalement nul par la seule raison que le débiteur n'était pas propriétaire. Le maître de la chose peut, au moment de la constitution de gage, donner son consentement à cet engagement : « *Aliena res pignori dari voluntate domini potest* (20, D. XIII, 7).

Il peut aussi, l'engagement ayant été fait à son insu, le ratifier. « *Sed et si ignorante eo data sit, et ratum habuerit, pignus valebit* » (même loi). Le gage ainsi ratifié le sera rétroactivement; on peut en effet appliquer au gage ce que la loi 16, § 1, D., XX, 1, dit de l'hypothèque : « *Si nesciente domino res ejus hypothecæ data sit, deinde posteà dominus ratum habuerit, dicendum est hoc ipsum quod ratum habet voluisse eum retro recurrere ratihabitionem ad illud tempus quo convenit.* » Mais mal-gré tout, cette rétroactivité ne pourra porter atteinte aux droits que des tiers auraient valablement acquis du chef du maître de la chose antérieurement à la ra-tification.

Le gage de la chose d'autrui peut encore être vala-ble s'il est fait pour le cas où le débiteur en deviendrait propriétaire, le créancier ayant connaissance que cette qualité appartient pour l'instant à une autre personne : « *Aliena res potest utiliter obligari, sub conditione si de-bitoris facta sit* » (16, § 7, **D.**, **XX**, 1). Dans le cas où la chose d'autrui est ainsi engagée pour le cas où le débiteur en deviendrait propriétaire, le gage ne com-mence qu'au moment de l'entrée de ce bien dans le patrimoine du débiteur.

En dehors de ces cas, c'est-à-dire s'il n'y a pas con-sentement ou ratification du propriétaire, ou si l'enga-gement n'est pas fait avec la condition *si res debitoris facta sit*, l'engagement de la chose d'autrui en principe n'est pas valable. Cependant il n'est pas sans produire certains effets, ainsi que le constate la loi 41, **D.**, **XIII**, 7 : « *Rem alienam pignori dedisti, deinde dominus rei ejus esse cœpisti, datur utilis actio pigneratitia credi-tori.* » De même la loi 5, **C.**, **VIII**, 16 : « *Quum res quæ necdum in bonis debitoris est, pignori data ab eo, postea in bonis ejus esse incipiat, ordinariam quidem ac-tionem super pignore non competere manifestum est, sed* *tamen æquitatem facere ut facile utilis persecutio exemplo pigneratitiæ detur. »*

Cette action utile sera donnée sans difficulté au créancier qui, sachant que l'objet du gage n'était pas encore la propriété du débiteur, savait en même temps qu'il lui était dû, et qu'en vertu d'une cause préexistante au contrat de gage il y avait un motif juridique pour que cette propriété arrivât au débiteur. Mais si le créancier savait seulement que son débiteur n'était pas propriétaire du gage, l'action utile lui sera refusée ; seulement s'il a obtenu la mise en possession, il aura le droit de rétention : « *In speciem alineæ rei collata conventione, si non fuit ei qui pignus dabat, debita, postea debitori dominio quæsito, difficilius creditori qui non ignoravit alienum, utilis actio dabitur ; sed facilior erit possidenti retentio* » (1 pr., D., XX, 1 . On peut dire par conséquent que le créancier qui a reçu en gage la chose d'autrui aura l'*actio utilis* s'il a été de bonne foi ; que dans le cas contraire il aura seulement le droit de rétention.

A l'idée que l'acquisition de la propriété du gage par le débiteur rend efficace l'engagement de la chose d'autrui, il faut rattacher deux textes, l'un de Paul, la loi 41, D., XIII, 7 ; l'autre de Modestin, la loi 22, D., XX, 1. Ces deux lois examinent le cas où le véritable propriétaire d'un objet devient héritier de celui qui l'a engagé à son insu. Paul déclare qu'il ne suffit pas pour qu'on donne l'action *pigneratitia* utile au créancier de la réunion dans la même personne des qualités de maître de la chose et de débiteur. Modestin donne une solution tout à fait contraire.

Il y a eu différentes tentatives de conciliation : entre autres celle qui consisterait à ajouter une négation au texte de Modestin, pour le mettre d'accord avec celui de Paul. On peut aussi dire que les hypothèses ne sont pas absolument les mêmes. Dans le texte de Paul, le gage aurait été contracté contre la volonté formelle du propriétaire, *sine mea voluntate* ; Modestin n'aurait au contraire visé que le cas de simple défaut de consentement, *ignorante me*.

Il nous semble qu'il faut reconnaître l'opposition qu'il y a entre ces deux textes et se demander lequel semble refléter la véritable pratique sur cette question. Or, si nous recherchons ce qui se passe en cas de vente dans des hypothèses semblables, nous voyons que l'acheteur est protégé ; ainsi soit que vendeur du fonds d'autrui, j'en acquière la propriété, soit que propriétaire d'un fonds, je devienne héritier de celui qui l'a vendu à mon insu, lorsque je revendiquerai ma propriété, l'acquéreur m'opposera l'exception *rei venditæ et traditæ*. « *Si alienum fundum vendideris et, tuum postea factum, petas, hac te exceptione repellendum. § 1, sed et si dominus fundi heres venditori existat, idem erit dicendum* » (L. 1, D., XXI, 3).

Ce rapprochement avec la vente nous est permis puisque nous trouvons L. 9, § 1, D. XX, 1 : « *Quod emp-*

tionem venditionemque recipit etiam pignorationem reci-
pere potest. » Au cas de gage, si j'engage la chose d'autrui et que j'en devienne propriétaire, la solution est
certaine, le créancier sera protégé (L. 41, D., XIII, 7).
Il y a forte raison d'analogie pour décider de même
dans l'autre hypothèse, par conséquent pour adopter
la décision de Modestin.

Au point de vue du *jus in re* la capacité de recevoir
un gage ne présente rien de particulier; à ce point de
vue on ne conçoit pas de règles spéciales à exiger
chez celui qui reçoit le gage. Cependant il faut dire
qu'on ne pouvait pas recevoir pendant longtemps un
gage par l'intermédiaire d'une personne libre. Plus
tard, la règle restant la même, on put acquérir la possession du gage *per extraneam personam.* Mais si le
contrat même était fait par un mandataire, ses effets
se réalisaient en la personne de celui-ci. Enfin Justinien (2, C., IV, 27) admit que les effets du mandat
seraient immédiatement transférés *ipso facto* en la
personne du mandant.

Rappelons que tandis qu'on ne pouvait acquérir *per
extraneam personam*, le père de famille acquérait valablement un droit de gage par les personnes en sa
puissance.

Au point de vue des obligations qui résulteront du
contrat régulièrement formé nous trouvons les incapa-
cités du droit commun. Il ne suffit pas pour constituer

un gage d'être propriétaire de la chose, il faut pouvoir en disposer.

Parmi les personnes libres qui sont incapables de constituer un gage, nous voyons d'abord le pupille. Le tuteur peut, dans l'intérêt du pupille, engager la chose de celui-ci, par exemple quand il reçoit un prêt en son nom (16, pr., D., XIII, 7). L'*auctoritas tutoris* est également nécessaire pour que le pupille puisse recevoir un gage (38, D., XIII, 7), et cela *propter metum pigneratitiæ actionis*.

Il en faut dire autant du mineur de vingt-cinq ans qui a un curateur.

La femme qui peut en général valablement s'engager, ne le peut lorsque cet engagement constitue une *intercessio*; cet engagement est annulé par le sénatus-consulte Velléien.

Les personnes en puissance ne peuvent en principe faire d'engagement pour leur propre compte ; elles ne le peuvent que pour la personne qui a sur elles la puissance. Cependant un fils de famille ou un esclave peut valablement engager un objet faisant partie de son pécule, pourvu qu'il en ait la libre administration (18, § 4, 19, D. XIII, 7). Cela est juste, puisqu'ils peuvent le vendre. Cependant, comme ils ne peuvent en disposer à titre gratuit, on n'admettra pas l'engagement d'une chose du pécule *pro alio* (1, § 1, D. XX, 3). Cela ne semble pas rentrer dans la libre administration qu'a concédée le père de famille.

Si un fils de famille a emprunté et qu'il ait un pécule *castrense* ou *quasi-castrense*, il pourra donner un gage pour cet emprunt ; il ne tombe pas sous la prohibition du sénatus-consulte Macédonien.

Nous verrons, en traitant du caractère accessoire du *pignus*, quel serait le sort d'un gage constitué pour une obligation que pourrait faire annuler l'application de ce sénatus-consulte.

Quant aux représentants externes, nous avons déjà vu quels étaient les pouvoirs du tuteur. Il reste à parler du mandataire. Celui-ci ne peut donner en gage une chose appartenant à son mandant qu'à condition d'avoir reçu un mandat spécial : «... *Si ei mandatum fuerit pignori dare* » (11, § 7, D., XIII, 7).

Jusqu'à la Constitution de Justinien dont nous avons déjà parlé (L. 2, C., IV, 27) les effets de ce mandat se réalisaient en la personne du mandataire qui devait céder ses actions au mandant. Depuis la Constitution de Justinien, le mandataire qui agit dans la limite de ses pouvoirs engage directement le mandant tant au point de vue actif qu'au point de vue passif, c'est-à-dire tant pour engager que pour recevoir en gage.

DE LA CRÉANCE GARANTIE PAR LE PIGNUS

Le gage ne peut se concevoir que comme l'accessoire d'une créance principale dont il doit garantir l'exécution. Cette créance peut avoir des causes bien différentes; elle peut résulter d'un prêt, d'une constitution de dot, d'une vente, d'un louage, etc., peu importe la cause pourvu qu'il y ait un contrat principal auquel le *pignus* vienne se rattacher.

Il est naturel de faire suivre le sort de l'obligation principale à ce qui n'en est que l'*accessio* : « *In omnibus speciebus liberationum etiam accessiones liberantur*, *puta adpromissores, hypothecæ, pignora* » (43, D., XLVI, 3).

Le gage peut être établi non seulement pour une obligation présente, mais il peut l'être aussi pour une obligation à terme, ou pour une obligation conditionnelle, ou pour une obligation future (5, pr., D., XX, 1). Au cas de dette à terme, le gage existe *hic et nunc*; il ne sera réalisable qu'à l'échéance de la dette principale; c'est même l'essence du gage de garantir des dettes à terme. Au cas de dette conditionnelle ou de dette future, si la condition ne se réalise pas ou que l'obligation ne prenne pas naissance, il est bien vrai de dire que le gage ne prendra pas naissance, l'obligation qu'il devait assurer n'existant pas. Le caractère accessoire est ici bien précisé : « *Sed et in conditionali obligatione non alias obligantur nisi conditio exstiterit.* »

Ainsi, il n'est donc pas nécessaire que l'obligation principale existe, mais il suffit qu'elle ait chance d'exister. Qu'arrivera-t-il si le gage ne se trouve soutenu que par un contrat principal qui ne soit pas valable. Malgré son caractère accessoire on ne peut pas dire que ce gage sera frappé de la même nullité. Cela dépendra du genre de la nullité de l'obligation principale. S'agit-il d'une obligation nulle *ipso jure*, par exemple, parce qu'elle a été contractée par un *furiosus* ou un *infans*, le gage qui y accède est aussi frappé de nullité.

Si nous supposons que ce n'est plus *ipso jure* que l'obligation principale est nulle, mais bien que le créancier se trouve paralysé dans son action par une exception que lui oppose le débiteur, plusieurs cas peuvent se présenter.

S'agit-il, par exemple, de l'exception du sénatus-consulte Velléien? C'est un gage qui a été fourni pour sûreté de l'*intercessio* d'une femme; l'exception tirée de ce sénatus-consulte est de celles qui peuvent être opposées par tous les intéressés. C'est dire que le gage qui accompagne l'*intercessio* sera également nul (L. 2, D., XX, III). Il en sera de même de l'*exceptio non numeratæ pecuniæ* (15, C., IV, 30) et probablement aussi des autres exceptions *rei cohærentes* qui sont celles se rapprochant le plus des nullités *ipso jure*.

Il n'en est pas de même pour l'exception qu'on peut tirer du sénatus-consulte *Macédonien*. Cette exception a un caractère particulier; à la différence de celle du sénatus-consulte Velléien elle est donnée non pas *in favorem debitoris* mais *in odium creditoris*, et elle laisse subsister une obligation naturelle. La loi 9, pr., D., XIV, 6, admet que le fils de famille sorti de puissance pourra donner un gage et qu'alors l'exception lui sera

refusée : « *Sed si paterfamilias factus rem pignori dede-
rit, dicendum erit exceptionem ei denegandam usque ad
pignoris quantitatem.* » Cela est naturel puisque s'il
avait payé son créancier, ce payement serait valable
(L. 7,§ 16,D., XIV, 3). Si le gage a été fourni par d'autres que le fils de famille, mais toujours pour le *mutuum* fait à celui-ci, la loi 2, D., XX, dit que ces bail-
leurs de gage seront traités comme le serait un fidéjusseur de cette obligation. Or, la loi 9, § 3, D., XIV, 6,
donne au fidéjusseur le droit de repousser le créancier,
à moins qu'il n'ait agi *animo donandi* ou qu'il se soit
engagé *patris voluntate*. En effet, dans l'un et l'autre
cas, les dangers que redoutait le législateur n'existent
plus ; si le fidéjusseur a agi *animo donandi, nullum
regressum habet* ; dans le second cas, c'est le père de
famille qui a fait en quelque sorte l'emprunt sien par
l'appobation qu'il y a donnée postérieurement. Il est
donc possible que l'obligation principale ne doive pas
recevoir d'exécution, et que malgré cela le gage soit
valable ; la constitution d'un gage aura eu pour effet
de donner une certaine efficacité à l'obligation principale. C'est que, bien que le gage soit un accessoire de
la créance, il ne suit pas que l'accessoire doive avoir
la même nature que le principal. C'est ce qu'exprime
encore la loi 5, D., XX. 1. « *Res hypothecæ dari posse
sciendum est..... vel pro civili obligatione vel honoraria
vel tantum naturali.* »

II

EFFETS DU CONTRAT DE PIGNUS

Lorsque le contrat de gage réunit toutes les conditions nécessaires à sa validité, il donne naissance à des droits au profit du créancier gagiste et à des obligations.

A. DROITS CONFÉRÉS AU CRÉANCIER

§ 1. *Droit de rétention. — Indivisibilité du gage.*

La remise du gage entre les mains du créancier qui caractérise le *pignus* et le différencie de l'*hypotheca* ne doit pas être d'un instant : elle doit se prolonger, durer autant que la dette pour protéger efficacement le créancier. Autrement, si le créancier n'était pas assuré de pouvoir conserver l'objet du gage jusqu'à ce qu'il ait été désintéressé, il n'y aurait pas une garantie sérieuse dans le gage qui aurait été constitué en sa faveur. Le créancier a donc le droit de rester seul, et à l'exclusion de son débiteur, en possession du gage et de le retenir.

Tant que la dette n'est pas éteinte, le droit de rétention subsiste : « *Omnis pecunia exsoluta esse debet.....
ut nascatur pigneratitia actio* » (9, § 3, **D.**, XIII, 7).
C'est la conséquence du caractère indivisible du gage.
Il faut que le débiteur soit entièrement libéré, qu'il
ne doive plus aucune parcelle de la dette pour qu'il
puisse réclamer la restitution du gage.

Le gage étant indivisible, chacune de ses parties
répond de la dette entière : le débiteur qui payerait
une partie de ce qu'il doit réclamerait en vain la restitution d'une part du gage proportionnelle au payement
qu'il a fait. Et cela non seulement si un seul objet a
été engagé, mais aussi si le gage en comprend plusieurs : « *Qui pignori plures res accepit non cogitur
unam liberare nisi accepto universo quantum debetur* »
(L. 19, **D.**, XX, 1).

Le débiteur mort, la dette se partage de plein droit
entre ses héritiers ; néanmoins le gage reste indivisible,
et si l'un des héritiers payait sa part héréditaire de la
dette, et que l'autre ne payât pas la sienne, le gage
tout entier serait cependant vendu ; l'héritier qui avait
payé sa part ne serait pas plus écouté que ne l'aurait
été le débiteur primitif lui-même qui ne se serait libéré
qu'en partie : « *Si unus ex heredibus debitoris portionem
suam solverit, tamen tota res pignori data venire poterit,
quemadmodum si ipse debitor portionem solvisset* »
(8, § 2, **D.**, XIII, 7). « *Qui pro parte heres exstitit nisi*

totum debitum exsolvat suam portionem ex pignoribus recipere non potest » (L. 1, C., VIII, 31).

Il en sera de même en supposant non plus la mort du débiteur mais celle du créancier. Si parmi les héritiers de celui-ci, il en est qui soient payés de leur part dans la créance héréditaire, et que d'autres n'aient pas reçu la part qui leur revenait, ceux qui n'ont pas été désintéressés peuvent, en offrant de rembourser au débiteur ce qu'il a payé à leurs cohéritiers, vendre le gage tout entier. C'est la décision de la loi 11, § 4, D.,XIII,7. « *Si creditori plures heredes exstiterint et uni ex his pars ejus solvatur, non debent ceteri creditoris heredes injuria affici, sed possunt totum fundum vendere, oblato debitori eo quod coheredi eorum solvit.* » Remarquons cependant que ce texte contient une sorte de restriction au principe de l'indivisibilité du gage, en exigeant la restitution au débiteur de ce qu'il a déjà payé à quelques-uns des cohéritiers du créancier.

L'indivisibilité véritable ne doit pas exiger cette restitution, mais bien permettre aux héritiers du créancier de vendre le gage tout entier sans rien restituer au débiteur, tout comme le créancier aurait eu droit de le faire s'il n'avait reçu qu'un payement partiel. Il faut considérer la loi 11, § 4, D., XIII 7, comme l'expression d'une opinion particulière d'Ulpien qui n'a pas dû être suivie; nous trouvons l'expression véritable de l'indivisibilité dans la loi 1, C., VIII, 32 : « *Manifesti et indubitati juris est, defuncto creditore multis relictis here-*

dibus, actionem quidem personalem inter eos ex lege duodecim tabularum dividi, pignus vero in solidum unicuique teneri. » Le principe est donc que la chose engagée et chacune de ses parties garantissent la dette entière et chacune de ses parties, et c'est pour assurer cette garantie entre les mains du créancier que celui-ci peut opposer le droit de rétention.

Cette indivisibilité conforme au but poursuivi par le créancier qui recherche une garantie aussi complète que possible était bien dans la nature du gage. Mais elle n'est pas de son essence. La volonté des parties pourrait limiter l'engagement à une partie seulement de la dette; il est bien naturel de permettre au créancier qui aurait pu n'exiger aucun gage, de n'en exiger qu'un partiel. « *Voluntate domini induci pignus ita posse ut in partem debiti obligatum sit* » (L. 5, § 1, D., XX, 2.)

Le droit de rétention est donc la faculté accordée au créancier de ne pas se dessaisir de l'objet qui lui a été engagé tant qu'il n'a pas obtenu satisfaction. A la demande en restitution que lui ferait le débiteur, il pourrait répondre par une exception de dol qui empêcherait le succès de l'action *pigneratitia directa* tant que la dette ne serait pas éteinte. Le droit de rétention dure donc autant que le gage, et comme lui il garantit toute la dette. Cela comprend d'abord la dette principale dans toute son étendue; cela comprend aussi ses accessoires : par exemple la clause pénale qui aurait été convenue soit au moment du contrat soit au moment de la constitution de gage (13, § 6, D., XX, 1). Il garantit aussi les intérêts de la créance pourvu que la convention qui les exige soit antérieure ou contemporaine à la constitution de gage (11, §3, D., XIII, 7). Mais le même texte nous apprend que le droit de rétention ne s'exerce pas pour tout ce qui excède le taux légal si on a promis des intérêts usuraires.

Nous verrons aussi en traitant des obligations que le contrat produit entre les parties, que le droit de rétention peut encore être invoqué par le créancier dans une certaine mesure pour le faire rentrer dans certaines dépenses auxquelles il a pu être amené par la garde de l'objet engagé (8 pr., D., XIII, 7).

Mais une fois le créancier payé de sa créance et des accessoires de celle-ci, il n'a plus de raisons valables pour refuser de restituer le gage au débiteur et celui-ci pourra utilement intenter l'action *pigneratitia directa*.

Rescrit de Gordien.— Une extension considérable a été apportée au droit de rétention par un rescrit de Gordien qui forme la loi unique au Code, livre VIII, titre 27. Nous savons qu'à raison de son caractère accessoire, le gage se trouve lié pour sa validité au contrat qu'il garantit : il est aussi lié à ce contrat pour ce qui concerne son extinction ; toute cause amenant la disparition de l'obligation principale doit en principe amener la disparition de l'obligation accessoire.

C'est de ce principe que le rescrit fait d'abord **une**
application en rappelant que la novation de l'obligation principale entraînera l'extinction du gage à moins
que celui-ci n'ait été l'objet d'une réserve expresse. On
comprend en effet que cette réserve étant une des conditions qui ont déterminé le créancier à nover, un des
éléments de son consentement, doive être observée.
Si une novation a été ainsi faite avec réserve de gage
et que le créancier exerce l'action personnelle de sa
créance et obtienne condamnation de ce chef, il peut
cependant encore exercer son droit de gage. On pourrait être tenté de dire que la *litiscontestatio* ayant produit une novation dans le droit du créancier, les accessoires de la créance ainsi novée disparaissaient avec
elle. Le rescrit donne précisément la solution contraire et à juste titre ; il fait application de la règle qui
laisse subsister le droit d'hypothèque ou de gage tant
que le créancier n'a pas obtenu satisfaction. C'est ce
qu'exprime la loi 13, § 4, D., XX, 1 : « ... *Quia suas
conditiones habet hypothecaria actio, id est si soluta est
pecunia aut eo nomine satisfactum est, quibus cessantibus
tenet.* »

Il serait en effet bien contraire à l'intérêt du créancier, et à l'intention qu'il a manifestée en exigeant et
en réservant son gage, de le priver de sa sûreté par
suite du fait qu'il a poursuivi son payement; on ne pouvait raisonnablement supposer qu'en exigeant ce qui

lui était dû il eut voulu rendre sa condition pire, ce qui arriverait si on le privait du droit de gage.

Le droit de gage survit donc à la novation judiciaire de l'obligation principale, il subsiste quoique, d'après la rigueur des principes celle-ci soit éteinte. Jusqu'ici le rescrit fait l'application de règles juridiques antérieurement admises. Mais partant de l'idée que nous venons d'exposer, il en fait l'application à des situations très différentes.

Si le créancier qui a réservé son gage se trouve être en possession, Gordien l'autorise à exercer son droit de rétention non seulement pour la créance que le gage garantit spécialement, mais encore pour tout ce qui peut lui être dû chirographairement par le même débiteur. Celui-ci, après avoir payé la dette pour laquelle il avait donné le gage, désireux d'en recouvrer la possession, intente l'action *pigneratitia directa*; il échouera contre l'exception de dol que lui oppose son créancier tant qu'il sera encore tenu vis-à-vis de celui-ci d'une dette quelconque qui n'aurait même été l'objet d'aucune garantie spéciale !

Cette extension du droit de gage n'est pas seulement établie pour le cas où il y aurait eu novation avec réserve du droit de gage, mais bien d'une façon générale : « *Jure enim contendis debitores eam solam pecuniam cujus nomine ea pignora obligaverunt offerentes audiri non oportere, nisi pro illa etiam satisfecerint quam mutuam simpliciter acceperunt.* »

Dans le droit classique, pour cesser d'avoir son droit de gage, le créancier devait avoir reçu satisfaction; mais cette satisfaction se mesurait sur la créance primitivement garantie; celle-ci était-elle payée, le gage n'avait plus de raison d'être et le débiteur pouvait en réclamer la restitution. Cette règle tout à fait conforme aux principes reçoit une application dans un texte d'Ulpien (L. 11, § 3, D., XIII, 7) : « *Si in sortem dumtaxat vel in usuras obstrictum est pignus, eo soluto propter quod obligatum est, locum habet pigneratitia.* » Depuis le rescrit, ce droit de rétention ne s'exerce plus seulement pour ce qui a été l'objet de la convention, mais pour tout ce qui peut être dû au même créancier, par le même débiteur, à quelque titre que ce soit.

En principe, le droit de rétention suppose un *debitum cum re junctum*, c'est-à-dire qu'il s'explique par un fait connexe aux obligations nées du contrat principal; ici il n'en est rien, le fait qui donne naissance à cette persévérance du droit de rétention est complètement étranger à l'obligation principale, c'est une nouvelle dette.

Comment expliquer cette faveur exceptionnelle qui procure au créancier une sûreté réelle à raison d'une dette simplement chirographaire? On peut en donner cette raison : si le créancier non payé à l'échéance de la créance pour laquelle il s'était fait donner un gage avait vendu celui-ci et que le prix de vente ait été supérieur au montant de la créance, le créancier aurait

d'abord appliqué le prix au payement de sa créance gagée ; quant au surplus dont il devait compte à son débiteur, il l'aurait gardé à titre de compensation pour ses
autres créances chirographaires. « Il n'y a pas loin de
la compensation à la rétention, et on en vint aisément
à faire au créancier la même situation, soit qu'il ait
vendu, soit qu'ayant été désintéressé par le débiteur il
eût encore la chose entre les mains. » (Jourdan,
Hypoth., p. 510).

Le rescrit ne distingue pas pour donner le droit de
rétention au créancier si les créances chirographaires
sont antérieures ou postérieures à la constitution du
gage, ni si elles sont payables avant ou après celle pour
laquelle le gage avait été spécialement donné. C'est le
motif pour lequel on ne peut pas admettre que la cause
juridique de l'innovation de Gordien soit dans un gage
conventionnel tacite. Cette explication est parfaitement admissible en droit français par suite des limites
tracées par l'art. 2082 du Code civil à l'application
du droit de rétention. Mais il n'en est pas de même
en droit romain où aucune limitation semblable
n'existe.

Puisque le droit accordé par Gordien au créancier
est tout à fait exceptionnel, il faut, en limiter l'application aux seuls cas que le rescrit semble prévoir. Ainsi
le texte parle de *pecunia mutua simpliciter accepta* :
sans aller jusqu'à dire qu'il faut, pour qu'il y ait lieu à
l'application du rescrit, qu'une somme d'argent soit due

en vertu d'un *mutuum*, il nous semble qu'on peut faire une distinction ; peu importe la cause de la dette, mais il faut que l'objet dû soit une somme d'argent : le motif est qu'il faut qu'il puisse y avoir lieu à la compensation que nous avons présentée comme la base juridique de ce nouveau droit de rétention.

De même le droit de rétention ne pourra s'exercer pour les autres créances chirographaires qu'autant que le débiteur et le constituant propriétaire du gage seront une seule et même personne. Cela paraît bien résulter de la deuxième phrase du rescrit. On peut supposer en effet qu'il s'agit d'une délégation. Le délégué qui avait accepté la réserve de gage, après en être devenu propriétaire, se trouve tenu sur ce gage de toutes les dettes qu'il peut avoir vis-à-vis du créancier de l'obligation novée. Mais en dehors de la dette qui a fait l'objet de la délégation, le délégué ne sera tenu même sur le gage d'aucune des autres obligations du délégant ; car celui-ci se trouve complètement libéré par l'effet de la novation de la dette gagée, la seule qui concerne le délégué.

Si c'est un tiers qui a engagé son bien pour la dette d'autrui, le créancier ne pourra pas retenir le gage pour des dettes du débiteur autres que celle qui a été spécialement garantie ; on ne peut pas raisonnablement supposer que le tiers qui a ainsi agi par esprit de libéralité, par rapport à une dette déterminée, ait entendu garantir éventuellement toutes les autres obligations du même débiteur. Et d'ailleurs, là aussi le principe de la compensation n'est pas applicable.

Le texte nous dit que ce droit de rétention ne saurait être opposé à un *secundus creditor* : ce *secundus creditor* est évidemment un créancier à qui la chose a été hypothéquée postérieurement à la constitution du gage. Pour entrer en possession de sa sûreté, ce créancier a un droit qui lui est personnel, c'est le *jus offerendi*. Or l'extension du droit de gage n'influe en rien sur ce droit, et le créancier gagiste ne pourrait pas exiger du créancier hypothécaire que celui-ci lui remboursât ses créances chirographaires avant d'abandonner la possession du gage.

§ 2. *De la possession accordée au créancier*

Le caractère d'indivisibilité donné au gage, et le droit de rétention accordé au gagiste constituaient à eux seuls des avantages sérieux. Cependant le droit de rétention ne sanctionnait qu'un état de fait : la détention du gage par le créancier ; un fait quelconque qui la lui enlevait le laissait privé de garantie. La reconnaissance à son profit d'un véritable droit de possession porta remède à ce danger : « *Qui pignori dedit ad usucapionem tantum possidet ; quod ad reliquas omnes causas pertinet, qui accepit, possidet...* » (16, D. XLI, 3).

Nous avons déjà remarqué que le gage et le précaire présentent deux cas particuliers où des personnes jouissent d'une véritable possession, quoique détenant la chose en vertu d'un titre qui implique reconnaissance du droit d'autrui. On peut expliquer cette anomalie en disant que le créancier gagiste emprunte à son débiteur l'*animus domini* qui lui fait défaut ; seulement à la différence de ce qui a lieu pour le précariste, il pourra invoquer sa possession même contre celui de qui il emprunte l'*animus*.

Il se présente, en cas de gage, une remarquable division des avantages de la possession. Lorsqu'un propriétaire remet la possession de sa chose à un tiers, par exemple, en vertu d'un louage, le propriétaire, bien que n'ayant plus le contact physique avec la chose qui constitue le *corpus*, possède néanmoins par le moyen du *conductor*, et recueille seul les avantages de la possession. Au cas de gage, au contraire, le créancier qui n'a pas l'*animus*, qui possède *pro alio*, partage avec le débiteur les avantages de la possession ; il a les interdits ; le débiteur continue de posséder *tantum ad usucapionem*. On peut considérer qu'il y a une sorte de cession d'une partie de la possession avec une partie de ses effets par le débiteur qui conserve de son côté une possession limitée. De la sorte, les intérêts de l'un et de l'autre se trouvent protégés ; le créancier aura la possibilité d'invoquer les interdits pour conserver sa garantie ; pour celle-ci, la possession *ad usucapionem* lui serait inutile ; d'ailleurs, à cet égard il serait de mauvaise foi ; aussi cette possession reste-t-elle au débiteur.

Il pourra se faire que le créancier ait à invoquer les interdits, soit *retinendæ possessionis*, soit *recuperandæ possessionis*. Si le gage est d'un immeuble et que le créancier soit menacé d'en perdre la possession, il invoquera l'interdit *uti possidetis*. S'il l'a effectivement perdue par l'effet d'une dépossession violente, il exercera contre le *dejiciens* l'interdit *unde vi*. Si le gage portait sur un meuble, et que le créancier l'ait possédé le plus longtemps dans l'année qui précède, l'interdit *utrubi* lui sera accordé dans l'un et l'autre cas.

Le caractère de possesseur reconnu au créancier gagiste, l'usage des interdits ne lui donnait pas encore une garantie suffisante. Il ne pouvait user de l'interdit *unde vi* que contre l'auteur de la dépossession ou contre son complice. Que serait donc devenue sa sûreté si les seules personnes contre lesquelles il pût s'en prévaloir venaient à disparaître ? Cette situation précaire reçut une amélioration considérable par la création au profit du gagiste d'une *actio in rem* qui lui fut donnée à l'imitation de l'action hypothécaire. Quand le préteur eut créé l'action *quasi-serviana* ou *hypothecaria*, on fut bientôt amené à l'étendre *utilitatis causa* au *pignus*. Cette action est connue principalement sous le nom de *pigneratitia in rem* ou *vindicatio pignoris*, pour la distinguer des autres actions *pigneratitiæ*, destinées seulement à sanctionner les obligations du contrat. C'est ici le lieu de l'étudier puisqu'elle assure et complète le droit de possession.

Le véritable avantage que le créancier trouve dans cette action, c'est la possibilité de l'exercer contre tout détenteur. Si le détenteur se trouve être un créancier hypothécaire, cela ne sera pas un obstacle à ce que le créancier intente l'action. Seulement pour réussir, il devra démontrer que l'exis tence de son droit est antérieure au droit du créancier hypothécaire; à cette condition il obtiendra gain de cause en vertu de la règle *prior tempore potior jure* (L. 12, D., XX. 4).

Peut-être peut-on trouver ici l'explication de la loi 1, D., XIII, 7. Ce texte qui nous a occupé dit en effet : « *Pignus contrahitur non sola traditione sed etiam nuda conventione, etsi non traditum est.* » Malgré ce texte, nous avons considéré que le gage était un contrat réel pour lequel la tradition était nécessaire en principe.

Ce texte peut s'appliquer ici : pour déterminer la priorité entre le créancier gagiste et le créancier hypothécaire, on devra prendre le moment de la convention comme point de départ. En effet la mise en possession n'étant pas une des conditions du pacte d'hypothèque, la mise en possession du créancier hypothécaire n'influe en rien sur la validité de ce pacte. Le gage peut être considéré comme renfermant au moins une convention d'hypothèque puisque l'un des éléments essentiels de ce contrat c'est la volonté d'affecter une chose à la sûreté d'une créance. Il semble donc juste pour faire cette application pure et simple de la règle *prior tempore potior jure* de prendre seulement en considération le moment de la convention. S'il s'agissait d'un créancier hypothécaire antérieur au créancier gagiste celui-ci succomberait nécessairement et ne pourrait obtenir de se faire restituer la possession. En effet, la convention, seul élément que nous ayons considéré dans l'hypothèse précédente, a suffi pour créer au profit du créancier hypothécaire un droit réel contre lequel celui du gagiste, encore imparfait, ne peut prévaloir.

Si le créancier gagiste se trouve en conflit avec un autre créancier gagiste de même date, sans qu'il y ait eu de convention relative au partage de la possession entre chacun d'eux, celui-là sera préféré qui sera actuellement en possession, par application de la règle : *in pari causa melior est causa possidentis*.

Le créancier gagiste n'était pas, comme le créancier hypothécaire, tenu d'attendre l'échéance de la dette pour exercer l'action *in rem*; car il a la possession *ab initio*; et c'est la grande différence qu'il y a du gage à l'hypothèque. Lorsqu'il est dépossédé, il est donc naturel qu'il puisse agir de suite pour recouvrer la possession.

Si avantageuse que soit cette action, elle n'en laissa pas moins subsister l'utilité de l'interdit *unde vi*. Dans

l'action, en effet, c'est un véritable procès qui s'engage ;
le créancier doit démontrer que son débiteur était propriétaire, qu'il était capable d'engager, que la chose
elle-même était susceptible d'engagement, tandis que
pour l'interdit, il lui suffisait de faire la preuve beaucoup plus facile de sa possession.

Le créancier cherchait par cette action à recouvrer
la possession du gage. Mais le résultat n'était pas toujours conforme à sa demande, même en supposant
celle-ci fondée. En effet, rappelons-nous que les actions ne pouvaient aboutir qu'à des condamnations pé-
cuniaires. Cependant les actions arbitraires compor-
taient une situation particulière. La formule de ces actions donnait au juge la faculté de subordonner la
condamnation pécuniaire à l'inexécution d'un ordre
par lui donné. Or, dans l'action *pigneratitia in rem* qui
est du nombre des actions arbitraires, le juge pouvait
ordonner au défendeur de remettre la possession du
gage au créancier ; c'était seulement en cas d'inexécution de ce *jussus* qu'une condamnation pécuniaire intervenait.

Le montant de cette condamnation n'est pas unifor-
mément égal à la valeur du gage. Plusieurs cas sont à
distinguer : par exemple, l'action est-elle exercée contre le débiteur lui-même, la condamnation sera égale
au montant de la créance et de ses accessoires ; là, en
effet, se borne tout l'intérêt.

Si le détenteur est un autre que le débiteur lui-même, l'intérêt du créancier est d'obtenir la valeur totale de la chose engagée ; si donc il a touché à ce titre une somme supérieure au montant de sa créance il devra restituer l'excédant à son débiteur (L. 21. § 3, D., XX, 1). Du reste, sous Justinien, le juge qui reconnaissait le bien-fondé de l'action *in rem* pouvait ordonner la délivrance de la possession *etiam manu militari*.

§ 3. *Droit de vendre.*

Le mot *distractio* qui sert à désigner la vente du gage indique le caractère particulier de cette vente : en effet, que pour se faire payer un créancier puisse faire vendre les biens de son débiteur cela ne constitue pas une faveur exceptionnelle : c'est la règle qui veut que toute obligation reçoive une exécution quelconque volontaire ou forcée Ce qui, dans le contrat de gage constitue la faveur, c'est la possibilité pour le créancier de procéder à la vente d'un seul des biens de son débiteur, de celui qui est engagé, sans être obligé de recourir à la *venditio bonorum per universitatem* qui, jusqu'à une époque très avancée, demeura la règle. Le droit de vendre un bien détaché du patrimoine du débiteur constituait donc un avantage très appréciable. Même après que la *bonorum venditio per universitatem*

eût disparu, le *jus distrahendi* continua d'être un élément spécial du contrat de gage, parce que la vente se
faisait sans intervention ni envoi en possession du magistrat.

Ce droit de vendre avait existé au profit du créancier gagiste lorsque les formes de l'aliénation fiduciaire étaient les seules employées. Alors, en effet, le
créancier était véritablement propriétaire, ce qui lui
permettait de vendre régulièrement. Mais il n'en fut
plus de même lorsque l'aliénation fiduciaire eût été
remplacée par le *pignus*. Il est à croire qu'à l'origine
de cette institution, le créancier n'avait entre les
mains qu'un moyen purement négatif, le droit de rétention, et la privation du gage était le stimulant qui
devait déterminer le débiteur à s'acquitter. L'usage
s'introduisit de convenir que le créancier pourrait
vendre le gage s'il n'était pas payé à l'échéance, et
qu'il se rembourserait sur le prix de la vente. On reconnut la validité de cette convention, soit qu'elle ait
été faite dans le principe en même temps que le
pignus, soit qu'elle ait été faite postérieurement. « *Si
convenit de distrahendo pignore, sive ab initio, sive
postea, non tantum venditio valet, verum incipit emptor
dominium rei habere* » (L. 4, pr. D. XIII, 7). On alla
plus loin dans cette voie ; on en vint à sous-entendre le
droit de vendre au profit du créancier gagiste. Dans la
suite de la loi 4, D., XIII, 7, Ulpien nous apprend, en
effet, que même en l'absence de toute convention à cet

égard, la vente était permise pourvu qu'on ne soit pas expressément convenu du contraire : « *Sed etsi non convenerit de distrahendo pignore, hoc tamen jure utimur ut liceat distrahere, si modo non convenit ne liceat.* » A partir de ce moment on peut dire que le droit de vendre est devenu de la nature du gage. Tout créancier gagiste non payé à l'échéance a donc le droit de vendre le gage qu'il possède sans qu'il soit nécessaire pour cela qu'il en ait fait la convention avec son débiteur.

Faut-il aller plus loin et dire que le droit de vendre est devenu de l'essence du contrat de gage, et que la convention par laquelle les parties conviendraient que le créancier bien que non payé n'aurait pas la faculté de vendre, serait sans efficacité et ne pourrait priver le créancier de ce droit ? Nous reconnaissons que telle est l'opinion générale. On enseigne qu'avec le temps le droit de vendre devint le seul but poursuivi par les créanciers et que lorsqu'une convention intervenait portant *ne creditori vendere liceat*, cette convention n'avait d'autre effet que d'obliger le créancier à faire trois dénonciations à son débiteur (L. 4, *in fine*, D., XIII, 7), puis à attendre un délai de deux ans avant de procéder à la vente (L. 3, § 1, C., VIII, 34).

Nous ne pensons pas qu'il en soit ainsi, ni qu'il faille dire que le droit de vendre ait jamais été autre chose que de la nature du gage. Nous ferons observer que les derniers mots de la loi 4, D., XIII, 7, sur laquelle on s'appuie principalement pour dire que le droit de vendre est devenu de l'essence du gage, contiennent une interpolation évidente. « *Ubi vero convenit ne distraheretur, creditor, si distraxerit, furti obligatur, nisi ei ter fuerit denuntiatum ut solvat et cessaverit.* » Il faut singulièrement forcer le sens de ces mots « *nisi ei ter...* » même restitués pour y voir la permission de vendre dans le cas même où il y a eu convention prohibitive à cet égard. Les mots qui se trouvent dans ce texte doivent le faire entendre d'une manière restreinte ; et les trois dénonciations n'ont d'autre effet que de faire éviter le *furtum* au créancier qui a vendu au mépris de la défense qui lui en était faite.

Paul, dans ses *Sentences* (liv. II, t. V, § 1) exige trois dénonciations du créancier pour qu'il puisse vendre par cela seul que les parties ne se sont pas expliquées sur le droit de vendre : *Creditor si sibi simpliciter pignus depositum distrahere velit, ter ante denuntiare debitori suo debet.* » C'est là une mesure de précaution : il faut qu'à plusieurs reprises le débiteur soit averti que le créancier va exercer le *jus distrahendi* ; mais remarquons qu'ici aucune convention n'a été faite pour restreindre le droit de vendre, et qu'au contraire dans le texte d'Ulpien (4, D., XIII, 7) il y a eu à ce sujet une convention formellement prohibitive. Mais alors ces trois dénonciations qui dans le texte de Paul sont une mesure de protection prescrite en dehors de toute convention modifiant les règles naturelles du gage suffiraient à valider la vente du gage faite au mépris d'une convention prohibitive ! Et cela quand nous trouvons dans le texte même les expressions qui suffisent à l'expliquer et qui nous montrent que le seul effet de ces trois dénonciations est d'empêcher que la vente du gage faite malgré la convention ne constitue un *furtum* !

Reportons-nous aussi à la loi 3, § 1, C., VIII, 34. Pas plus dans ce texte que dans ceux du Digeste, nous ne voyons que le droit de vendre soit devenu de l'essence du gage. Dans ce texte, Justinien commence par déclarer que les conventions intervenues entre le créancier et le débiteur au sujet de la vente devront être strictement observées. Puis, prévoyant l'absence de conventions, il prend des précautions comme nous avons vu que Paul en exigeait ; mais il les modifie : au lieu de trois dénonciations, une seule suffit, mais le créancier devra encore attendre deux ans pour procéder à la vente.

On peut aussi faire observer en faveur de notre opinion qu'il y aurait contradiction entre le texte dans lequel Justinien autoriserait le créancier à vendre le gage, malgré la convention qui le lui interdirait, et le § 1, t. VIII, liv., II, des Institutes. Dans ce texte, il nous représente le créancier gagiste comme faisant exception à la règle par laquelle il faut être propriétaire d'une chose pour pouvoir l'aliéner. Cette exception, il la fait reposer sur une convention expresse, ou sur un acquiescement tacite du débiteur. Par conséquent, la volonté est présentée comme la cause de ce droit de vendre ; une volonté contraire devrait donc être respectée.

Il y a un texte que l'on peut présenter encore comme établissant que le droit de vendre était de l'essence du contrat de gage ; c'est le § 5, tit. XIII, liv. II, des *Sentences* de Paul. Il prévoit, en effet, tout à fait le cas où il y a eu convention prohibant la vente ; malgré cela il reconnaît que le créancier peut « *denuntiare ei solenniter et distrahere.* » Mais nous répondrons que dans tout ce texte il est question de *fiducia* : « *Si inter creditorem et debitorem convenerit ut fiduciam sibi vendere non liceat...* » Or, nous avons expliqué, en parlant de l'aliénation fiduciaire, que la nature du droit conféré au créancier lui donnait le droit de faire une vente parfaitement valable de la *fiducia* ; c'est ainsi qu'il faut entendre le § 5, t. XIII, liv. II, des *Sentences.*

Enfin, la convention qui retirerait au créancier le droit de vendre ne présente rien de contraire à l'ordre public ; on peut même la considérer comme une juste défense laissée au débiteur contre le créancier qui se trouve, en général, maître du contrat. Même privé du droit de vente, le créancier trouverait encore dans le droit de rétention et dans le droit de compenser les fruits de la chose engagée avec sa créance des avantages appréciables. Nous comprenons que ces avantages n'existent pas au cas d'hypothèque et qu'alors le créancier n'y trouve pas d'avantages si le droit de vendre pouvait lui être retiré. Mais encore une fois, la position du créancier gagiste est bien différente, et il n'y a pas lieu dans cette hypothèse d'appliquer l'assimilation de Marcien : « *Inter pignus et hypothecam tantum nominis sonus differt.* »

Le créancier peut faire lui-même la vente du gage lorsque la dette est échue et à défaut de payement de celle-ci, à condition cependant d'observer les prescriptions de la loi 3, § 1, C., VIII, 34. Si, au contraire, une convention a été faite avec le débiteur pour lui permettre de vendre, celle-ci devra être strictement observée; et le créancier pourra vendre sans dénonciation préalable et sans attendre le délai de deux ans. Mais la loi précitée veut que l'on respecte toutes les conventions faites au sujet du gage ; les parties au lieu de simplifier la vente auraient pu l'entourer d'un plus grand nombre de précautions auxquelles le créancier serait obligé de se soumettre. Faute de le faire, s'il commettait quelque infraction, quelque irrégularité dans la vente, par exemple s'il vendait avant l'échéance, ou après une offre de payement intégral, la vente ne serait pas valable (LL. 5, 8, C., VIII, 28).

S'il a, au contraire, agi en se maintenant dans les limites de son droit, il a valablement aliéné : l'acheteur du gage acquiert le même droit que le débiteur avait sur la chose qu'il a engagée. « *Qui a creditore vignori obligatum prædium jure emit, de proprietate vinci non potest* » (L. 18, C. VIII, 28). Une fois la vente faite, elle est irrévocable : « *Si, cessante solutione, creditor, non reluctante lege contractus, ea quæ sibi pignori nexa erant, distraxit, revocari venditionem iniquum est* » (L. 7, C. VIII, 28.) Cette aliénation est même si complète, que la fin du texte supposant quelque dol, quelque fraude de la part du créancier gagiste vendeur, refuse au débiteur le droit d'attaquer l'acheteur, ne lui laissant de recours que contre son créancier ; pour que le débiteur puisse recourir contre le tiers acquéreur du gage, trois conditions doivent être réunies : 1° Dol du créancier ; 2° insolvabilité de ce créancier ; 3° participation de l'acheteur au dol (LL. 1, 4, C. VIII, 30).

Le créancier a le droit, lorsque l'échéance est arrivée sans amener de payement, de vendre le gage ; mais il n'est pas obligé d'user de son droit ; il peut, s'il le préfère, conserver la possession du gage, usant de son droit de rétention jusqu'à ce qu'il soit désintéressé « *quamvis convenerit ut fundum pignoratitium tibi vendere liceret, nihilo magis cogendus es vendere...* » (L. 6, D. XIII, 7). Cependant des jurisconsultes prévoyant le cas où le gage serait d'une valeur beaucoup plus considérable que la dette qu'il garantit, pensaient que le créancier pouvait être contraint de vendre, « *... ex causa cogendum creditorem esse ad vendendum.* » Ce sentiment doit être repoussé : le débiteur a un moyen bien simple de veiller à ses intérêts, c'est de vendre le gage, puisqu'il en reste propriétaire, de se libérer avec le prix; le créancier n'aura plus alors de motifs pour conserver le gage.

Le créancier qui vendait le gage ne pouvait pas s'en rendre acquéreur ni directement ni indirectement, contre la volonté du débiteur (Paul, *Sent.*, L. 2, t.XII, § 4; L. 10, C. VIII, 28). En effet, les manœuvres frauduleuses auraient été trop à redouter. De son côté le débiteur ne peut pas non plus acheter le gage du créancier : « *debitor a creditore pignus quod dedit, frustra emit, quum rei suæ nulla emptio sit* » (L. 40, D., XIII, 7).

Cependant, si aucun acquéreur ne se présentait, le créancier avait un intérêt légitime à vouloir obtenir la propriété de la chose engagée. La loi 3, C., VIII, 34, rappelle une procédure anciennement usitée dans cette circonstance : il fallait une mise en vente publique (*proscriptio publica*), et à partir de ce moment le débiteur avait encore une année pour dégager sa chose. Mais cette procédure était tombée en désuétude et Justinien l'a remplacée par une nouvelle. Après l'expiration du délai de deux ans introduit par cet empereur, une nouvelle dénonciation doit être faite au débiteur; en cas d'absence de ce dernier, le juge fixe un délai dans lequel le débiteur devra se libérer. Faute par celui-ci de le faire, le créancier obtiendra de l'empereur l'attribution de la propriété du gage à son profit. Mais cela fait, le débiteur, pendant deux ans encore, pourra recouvrer sa chose en se libérant de tout ce qu'il doit, en offrant *debitum cum usuris et damnis vitio ejus creditori illatis*. Enfin les deux années écoulées sans satisfaction, le créancier devient propriétaire irrévocable (L. 3, §§ 2 à 6 ; C., VIII, 34).

Si l'estimation du gage qui est faite judiciairement ne donne pas au gage une valeur exactement égale à la créance, ce qui devra être le cas le plus fréquent, le créancier demeure créancier pour le surplus si le gage a une valeur inférieure à la créance ; dans le cas contraire il doit tenir compte à son débiteur de la différence entre ces deux valeurs.

Le soin avec lequel Justinien a réglé dans cette loi la vente du gage, nous autorise à dire que par cette loi il a complètement réglé la matière, et que nous ne pensons pas qu'il ait dans ce texte établi que le droit de vendre fût devenu de l'essence du contrat de gage.

De la lex commissoria. — On a vu les précautions prises dans le cas d'acquisition possible du gage par le créancier ; celui-ci ne peut s'en rendre acquéreur *invito debitore* et dans le cas tout à fait favorable où le gage ne trouverait pas d'acquéreur, il faut l'intervention de l'empereur et de nouveaux délais. On a craint que les créanciers n'abusent de leur situation au détriment de débiteurs besoigneux. C'est dans cet ordre d'idées que la *lex commissoria* a été prohibée.

La *lex commissoria* est un pacte par lequel les parties conviennent que faute de payement à l'échéance ou dans un certain délai, le gage serait acquis au créancier. Ces mots *lex commissoria* indiquent qu'un événement prévu s'est réalisé, que l'une des parties encourt une déchéance. Or, ici la déchéance consistait dans la perte pour le débiteur du droit de réclamer le gage, qui se trouvait acquis au créancier. Ce pacte présentait de graves inconvénients : un débiteur, en effet, s'illusionne volontiers, au moment du contrat, sur les ressources qui lui permettront de s'acquitter à l'échéance. Confiant dans l'avenir, pressé par un besoin d'argent immédiat, il ne regardera pas à engager un objet d'une valeur de beaucoup supérieure au prêt qui lui est fait. Il pouvait arriver aussi que le créancier fût payé d'une partie de la dette seulement, et que le débiteur fût dans l'impossibilité de se libérer du reste; on n'en appliquait pas moins la déchéance ; la clause pénale était encourue, le créancier acquérait la propriété du gage. Tels sont les dangers que Constantin a voulu prévenir en prohibant la *lex commissoria*. (L. 3, C.,VIII, 35.) La sanction de cette prohibition est une nullité absolue; malgré ce pacte le débiteur conservera la faculté, en se libérant de sa dette, d'intenter l'action *pigneratitia directa* pour se faire restituer son gage.

Pour prononcer la nullité il faut se trouver en présence de conventions qui constituent à proprement parler une *lex commissoria*. D'autres conventions qui s'en rapprochent beaucoup ne doivent pas être confondues avec elle. Ainsi la loi 12, D., XX, 5, admet le créancier à acheter le gage de son débiteur; celui-ci en a en effet conservé la propriété; le débiteur, en présence d'une aliénation définitive, et n'éprouvant plus le besoin de recevoir l'argent du prêt, veillera strictement à sauvegarder ses intérêts.

Un doute aurait pu s'élever dans le cas où une pareille convention aurait été faite au moment du contrat exprimant que le gage serait vendu au créancier, pour le cas où le débiteur ne payerait pas à l'échéance.

Le § 9 des *Fragments du Vatican* déclare cette vente valable; on ne peut pas dire que ce soit une vente pour un prix incertain, car il est facile de calculer quel sera le chiffre de la dette au jour de l'échéance; il y a vente à proprement parler, de sorte que le créancier n'a pas le choix qu'il avait dans la *lex commissoria* ou de se considérer comme propriétaire, ou de poursuivre son droit de créance. C'est au contraire le débiteur qui a le choix ou de payer, et d'exiger la restitution du gage, ou de parfaire la vente en ne payant pas.

La loi 16, § 9, D., XX, 1, présente encore une combinaison qui est valable, bien que se rapprochant de la *lex commissoria*. Les parties conviennent qu'à défaut de payement dans un certain délai, le créancier deviendra propriétaire du gage moyennant un prix à fixer à ce moment. Cette vente est encore déclarée valable, car le débiteur ne se trouve pas à la discrétion de son créancier.

Nous retrouverons toutes ces questions] en'[droit français sous l'art. 2078 du Code civil, mais avec différentes modifications.

B. OBLIGATIONS NAISSANT DU CONTRAT.

Le contrat de gage ne fait pas naître des obligations à la charge des deux contractants dès qu'il est formé ; il en fait naître de suite à la charge du créancier ; celles dont le débiteur pourra se trouver chargé par la suite ne sont qu'accidentelles. Elles naissent à l'occasion du contrat et n'existent pas forcément. C'est ce qu'on exprime en disant que le contrat de gage est synallagmatique imparfait ; les Romains exprimaient cette idée en disant que les obligations du créancier étaient sanctionnées par une action *directa*, celles du constituant par une action *contraria*.

§ 1. *Obligations du créancier.*

Elles sont de deux sortes : les unes existent à sa charge *durante pignore* ; les autres ne prennent naissance qu'après l'extinction du gage.

Le créancier est mis en possession du gage ; mais il n'en doit retirer aucun usage sous peine d'être réputé voleur : « *Si pignore creditor utatur furti tenetur.* » (54, pr. D., XLVII, 2). Le débiteur, en lui remettant le gage ne l'a fait que pour l'assurer du payement, en se retirant à lui-même le moyen d'en disposer efficacement au préjudice du créancier.

Mais cette obligation de ne retirer aucun usage du gage doit se combiner avec la suivante qui l'oblige à rendre compte au propriétaire de tous les produits de la chose ; le créancier est donc tenu d'administrer la chose engagée et d'en percevoir les fruits. Mais comme le créancier n'a pas la jouissance du gage, il fait cette perception dans l'intérêt du débiteur. C'est pour satis-faire à cette règle que le créancier doit imputer sur les intérêts d'abord, s'il en est dû, puis à défaut d'intérêts sur le capital, les fruits produits par la chose engagée. Lorsque ces fruits forment une somme supérieure à la dette, le gage prend fin et le créancier doit compte de tout ce qui excède sa créance. C'est ce qu'expriment les lois 1 et 3 au Code, livre IV, tit. 24. Cette obligation du créancier sera la même au cas où le constituant se-rait un possesseur de mauvaise foi (L. 22, § 2, D., XIII, 7)

Il est difficile d'expliquer comment le créancier pourra retenir les fruits de la chose engagée jusqu'à concurrence du taux légitime des intérêts dans le cas où le prêt a été gratuit. C'est pourtant ce qu'autorise la loi 8, D., XX, 2 : « *Cum debitor gratuita pecunia uta-tur, potest creditor de fructibus rei sibi pignoratæ ad mo-dum legitimas usuras retinere.* » Il semble y avoir une contradiction choquante entre *pecunia gratuita* et un droit à des intérêts. Aussi a-t-on proposé d'introduire dans la phrase une négation qui en mettrait le sens en harmonie avec les principes. On a dit aussi que dans ce texte il s'agissait d'intérêts dus non pas en vertu d'une stipulation, mais en vertu d'un simple pacte. Il y a certainement dans ce texte quelque chose de particulier, que peut-être on pourrait expliquer par une convention d'antichrèse tacite.

Il y a en effet un cas où il est fait exception à la règle que le créancier n'a pas le droit d'user de la chose engagée : c'est lorsqu'une convention d'antichrèse a été faite avec le débiteur. En vertu de cette convention il est entendu que le créancier percevra les fruits au lieu des intérêts, soit en louant, soit en recueillant les ruits, soit en habitant par lui-même, et que dans cette situation il conservera le gage jusqu'au remboursement de sa créance. Au fond, cette convention n'infirme pas la règle précédente : le créancier n'est plus, il est vrai, comptable des fruits, et il les fait siens, mais en échange il perd tout droit aux intérêts (11, § 1, D., XX, 1); c'est un forfait en vertu duquel les fruits et les intérêts sont réputés se compenser. Il importe peu que les fruits ou l'usage de la chose représentent une valeur supérieure au taux maximum des intérêts : l'incertitude qui existe toujours au sujet de la production des fruits ne permet pas d'annuler la convention pour ce motif (LL. 14, 17, C., IV, 32).

Papinien, dans la loi 1, § 3, D., XX, 1, prévoit le cas d'une convention qui ressemble assez à une antichrèse. Des intérêts ont été stipulés; le créancier a été autorisé à conserver les fruits en totalité bien qu'ils dépassent le montant des intérêts stipulés pour le cas où ceux-ci ne seraient pas payés à l'échéance convenue. C'est une véritable clause pénale plutôt qu'un pacte d'antichrèse. C'est le caractère que la loi 9, § 1, D., XXII, 1, donne à cette convention.

Si cependant il n'y avait ni incertitude dans les produits de la chose, ni le caractère de clause pénale, et qu'il fût évident que le pacte n'a pas d'autre but que de cacher une convention usuraire, il faudrait l'annuler.

Le créancier qui a la possession de la chose, qui est comptable des fruits, doit apporter tous ses soins à la gestion, à la garde, à la conservation de la chose. Quelle est exactement sa·responsabilité à cet égard? Il est soumis à la même responsabilité que le commodataire; il est donc tenu non seulement de son dol mais de toute faute que ne commettrait pas un bon père de famille : « *Ea igitur quæ diligens paterfamilias in suis rebus præstare solet, in creditore exiguntur.* » (14, D., XIII, 7). Les cas de force majeure au contraire ne sont pas à sa charge ; c'est ce qu'exprime la loi 13, § 1, D., *hoc. tit.* : « *Venit autem in hac actione et dolus et culpa, ut in commodato ; venit et custodia ; vis major non venit.* » Il est donc tenu de ce qu'on appelle la *culpa levis in abstracto.*

Cette responsabilité lui laisse cependant encore une certaine liberté d'action : c'est ainsi que s'il est vrai qu'il soit responsable des mauvais traitements qu'il inflige aux esclaves engagés, on ne peut pas les lui reprocher quand ils ont été amenés par les méfaits de ces esclaves, pourvu que le châtiment ait été proportionné à la faute commise (24, § 3, D., XIII, 7). Le créancier est responsable des détériorations matérielles qu'il a pu occasionner par sa faute à l'objet du gage ; il encourt aussi une responsabilité si le fonds qui lui a été engagé jouissait de servitudes et qu'il les ait laissé s'éteindre par non-usage.

Les obligations qui précèdent ont pour but de mettre le créancier à même de remplir la principale de ses obligations qui consiste à restituer la chose lorsqu'il est complètement désintéressé. Il est obligé de restituer la chose même qu'il a reçue et non pas des choses de même espèce, nature ou valeur. Car ce n'est pas comme au cas de *mutuum* ; il n'a pas acquis la propriété du gage, mais seulement la possession ; c'est donc seulement la possession de la chose qu'il devra restituer.

Cette restitution comprendra la chose même, et aussi tous les accroissements qui ont pu lui arriver pendant la durée du gage ; ce sera, par exemple, l'usufruit qui aura fait retour à la propriété, les alluvions qui ont pu l'agrandir, le *partus ancillæ* (1, C., VIII, 25). Enfin l'imputation qu'il doit faire des fruits produits

par la chose engagée sur les intérêts de sa créance et
sur le capital s'il y a lieu, est encore une sorte de restitution qui se fait d'une manière spéciale. Enfin si les
fruits dépassaient les intérêts et le capital de la
créance, il devrait alors les restituer véritablement au
débiteur.

Si la chose engagée a été volée, le créancier a pu
intenter contre le voleur la *condictio furtiva* ou l'*actio
furti*. La loi 22, pr. D., XIII, 7, décide que ce que le
créancier aura obtenu par l'une ou l'autre de ces actions devra faire l'objet d'une restitution de sa part au
débiteur. Si cependant le voleur avait été le débiteur
lui-même, on ne peut pas en dire autant. La même loi
n'exige la restitution que si le créancier a agi par la
condictio furtiva, car cette action est *rei persecutoria* ;
si au contraire le créancier a agi par l'action *furti*, il
ne doit pas restituer ce qu'il a reçu à ce titre du débiteur. Cette action est en effet *pœnæ persecutoria*, et il est
inadmissible que le créancier restitue au débiteur ce
que celui-ci lui a payé à titre de peine.

Il peut arriver que les détériorations qui peuvent engager la responsabilité du créancier ne se révèlent que
longtemps après que la restitution a été effectuée.
Alors l'action *pigneratitia directa* qui a été employée
pour obtenir cette restitution, ainsi que la réparation
des dommages apparents à ce moment, serait épuisée;
il ne faut pas que le débiteur soit désarmé de ce côté.
Aussi la loi 15, D., XIII, 7, fait une obligation au

créancier de *de dolore promittere*. Cette *cautio de dolo* permettra au débiteur, le cas échéant, de se faire indemniser des détériorations qui ne se révéleraient qu'après
coup. L'obligation de restituer cesse d'exister à la
charge du créancier lorsqu'à défaut de payement
il a vendu le gage : alors son obligation change d'objet :
ce n'est plus la chose elle-même qu'il doit restituer
puisqu'il l'a régulièrement vendue, mais le *superfluum*
qui peut rester du prix de vente après qu'il s'est payé
sur ce prix. C'est toujours l'action *pigneratitia directa*
que le débiteur intentera pour obtenir cet excédant du
prix. En plus de cet excédant il pourra en réclamer les
intérêts si le créancier a placé lui-même cette somme
à intérêts ou l'a employée à ses propres affaires. Si au
contraire il s'est borné à la garder en dépôt, il n'est
pas débiteur d'intérêts (L. 6, § 1, D., XIII, 7). Cependant
même en ce cas, il peut se trouver tenu des intérêts
moratoires à raison de son retard à payer cet excédant (L. 7, D., XIII, 7).

§ 2. *Obligations du débiteur.*

Une fois le contrat formé, le débiteur peut se trouver
accidentellement obligé vis-à-vis de son créancier. Il
doit d'abord s'abstenir de tout fait qui tendrait à priver

le créancier de sa garantie : c'est ainsi que nous avons vu que s'il reprenait injustement sa chose il pourrait être poursuivi comme voleur. Il doit s'abstenir de remettre en gage à son créancier un objet qui soit de nature à lui causer préjudice ; par exemple un cheval qu'il saurait être morveux. S'il l'a fait, sans que le créancier ait eu connaissance du vice de la chose, il doit l'indemniser de tout le tort que la chose a pu lui causer. Par exemple un esclave donné en gage a-t-il commis un vol au préjudice du créancier, celui-ci devra être indemnisé. Toutefois la responsabilité du débiteur varie suivant qu'il a eu ou non connaissance du vice de la chose. Dans le premier cas il ne peut pas se décharger de sa responsabilité en faisant l'abandon noxal ; il est encore tenu du *contrarium judicium* ; s'il a été de bonne foi, l'abandon noxal qu'il fait de l'esclave voleur suffit à le décharger (L. 31, D., XIII, 7).

La plus importante des obligations du débiteur, ou plutôt celle qui donne le plus souvent lieu à l'action *pigneratitia contraria*, c'est celle par laquelle il doit indemniser le créancier des dépenses qu'il a faites à l'occasion du gage. Quant à ces dépenses une distinction doit être faite : toutes les dépenses nécessaires il les doit intégralement (L. 8, pr. D., XIII, 7), quant aux dépenses simplement utiles, la décision n'est pas uniforme ; le juge appréciera dans quelle mesure les dépenses faites par le créancier pourront profiter au débiteur, et même il ne devra pas toujours adjuger au créancier une somme égale au profit qu'en retirera le débiteur; car des dépenses très profitables ont pu être faites sur le gage, qui seront cependant trop considérables par rapport à la position de fortune du débiteur qui, faute de pouvoir rembourser ces impenses, se trouverait dans l'impossibilité de recouvrer sa propriété. Le juge prendra donc un juste milieu, et sa décision devra être telle que « *neque delicatus debitor, neque onerosus creditor andiatur* » (L. 25, D., XIII, 7). Cependant le créancier aurait droit d'être entièrement indemnisé de ses dépenses s'il les avait faites *voluntate debitoris*. Le droit du créancier à ces indemnités est aussi garanti par le droit de rétention. Il semble par conséquent que l'action *pigneratitia contraria* soit inutile à ce sujet. Il n'en est rien cependant : la loi 8, D., XIII, 7 explique bien l'utilité de cette action même en présence du droit de rétention. Il peut arriver que le gage pour la conservation duquel le créancier avait fait des dépenses vienne à disparaître : ce sera par exemple un esclave malade qui meurt malgré les soins que le créancier lui fait donner; ce peut être aussi une maison à laquelle il a fait des travaux de réparation et qui vient à être incendiée. Dans ces cas le créancier n'a plus rien sur quoi exercer son droit de rétention. C'est alors qu'apparaîtra toute l'utilité de l'action *pigneratitia contraria*.

Parmi les autres réclamations que le créancier peut adresser au débiteur, il en est qui tantôt seront admises, tantôt ne le seront pas. Ainsi le créancier qui vend le gage en sa qualité de gagiste, n'est pas en principe tenu à la garantie en cas d'éviction. Si cependant il a fait la *stipulatio duplæ* et que l'éviction vienne à se produire pourra-t-il recourir contre son débiteur pour se faire indemniser de ce qu'il a payé à raison de cette stipulation? La loi 22, § 4, D., XIII, 7 lui accorde ce recours mais pas d'une façon absolue, et seulement s'il n'y a eu de sa part ni dol ni faute à faire cette promesse. Or il n'y aura ni dol, ni faute et on pourra dire qu'il s'est conduit comme un père de famille diligent, si grâce à cette promesse il a vendu le gage un prix plus élevé. A cette condition il sera indemnisé de ce chef. Si au contraire, il n'en est résulté aucune augmentation du prix de vente, il y aura eu au moins faute de sa part, et la perte restera à sa charge.

III

EXTINCTION DU CONTRAT DE GAGE

Le droit de gage s'éteint ou par voie de conséquence ou par voie principale.

Par voie de conséquence, lorsque le créancier est payé et plus généralement toutes les fois que la créance garantie vient à s'éteindre. Le gage s'éteint donc et la restitution peut en être demandée toutes les fois que la dette a été payée et avec elle tous ses accessoires. Il faut qu'il n'en subsiste plus aucune parcelle ; ainsi il faudra que les impenses faites par le créancier aient été également rembour- sées, de même que la clause pénale qui aurait pu être stipulée (L. 13, § 6, D., XX, 1) ; de même aussi pour les intérêts. Si cependant le gage n'a été affecté qu'à la dette principale ou à quelques-uns des accessoires, il s'éteindra par le payement de la dette ou de la partie de la dette qu'il garantissait.

Il y a extinction du gage quand même il n'y a pas eu un payement effectif, mais lorsque le créancier ne peut que s'imputer à lui-même de n'avoir pas reçu le paye- ment. « *Si per creditorem stetit quominus ei solvatur, recte agitur pigneratitia* » (20, § 2, D., XIII, 7).

Le gage disparaît encore si, au lieu d'un payement, le \créancier a reçu une satisfaction qu'il considère comme équivalente. « *Item liberatur pignus sive solutum est debitum, sive eo nomine satisfactum est* » (6, D., XX, 6).

Le gage prend donc fin quand l'obligation principale cesse d'exister par le payement ou toute autre satisfac- tion équivalente. En principe, toutes les autres causes d'extinction de l'obligation principale agiront de même : c'est la conséquence du caractère accessoire de notre contrat ; ainsi la novation pure et simple, l'acceptila-

tion, un *pactum de non petendo in rem*, l'accomplissement d'une condition résolutoire ou la défaillance
d'une condition suspensive apposée à l'obligation principale agiront par contre-coup sur le gage pour le libérer et donner au débiteur le droit de le réclamer (11,
§§ 1, 2, D., XIII, 7). Il faut en dire autant du serment
prêté par le débiteur sur l'existence de la dette, et de
l'absolution prononcée à son sujet par le juge (13, D.,
XX, 6). C'est l'application du principe que nous avons
déjà vu : « *In omnibus speciebus liberationum etiam accessiones liberantur.* »

Toutefois ce principe comporte des réserves importantes : si, comme nous l'avons dit, la novation conventionnelle éteint le gage, la novation qui résulte de
la *litiscontestatio* ne produit pas le même effet ; ce
point que nous avons déjà signalé en parlant du rescrit
de Gordien est formellement établi dans la loi 11, pr.,
D., XIII, 7, et le gage continue de subsister non seulement si le procès est engagé, mais encore *post condem-
nationem* (13, § 4, D., XX, 1) ; puisqu'il faut, à défaut
de payement, pour la libération du gage, que le créancier ait été satisfait, le seul fait d'avoir obtenu l'action
judicati n'assure pas inévitablement cette satisfaction ;
en effet, elle n'existera pas si le débiteur est insolvable ; il est donc juste que le créancier conserve sa sûreté puisque la novation survenue dans son droit n'est
pas l'œuvre de sa volonté.

Il y a aussi une autre exception à la règle générale

de la loi 43, D., *De solut.* : elle a trait à la subsistance du gage toutes les fois qu'il y a une obligation naturelle. « *Ex quibus casibus naturalis obligatio consistit, pignus perseverare constat* » (14, § 1, D., XX, 1). Donc, lorsque l'extinction de l'obligation principale laisse subsister une obligation naturelle, le gage ne prend pas fin, le droit d'en exiger la restitution ne s'ouvre pas au profit du débiteur, bien que l'action qu'on pourrait exercer contre lui soit perdue. Par exemple, le gage constitué par une personne qui subit une *capitis deminutio* pour les obligations qu'elle a antérieurement contractées, subsistera par l'effet de l'existence de l'obligation naturelle qui a survécu à ce changement de condition juridique (2, § 4, D., IV, 5).

Faut-il voir l'application du principe qui veut que le gage subsiste à raison d'une obligation naturelle dans la prolongation à quarante ans du délai pour l'extinction de l'action hypothécaire? Sans entrer dans la discussion sur le point de savoir si l'extinction d'une obligation par la prescription laisse subsister une obligation naturelle, nous rappellerons qu'admettre l'affirmative c'est donner à la Constitution de l'empereur Justin (L. 7, C., VII, 39) une explication très simple et très juridique à ce fait que l'action hypothécaire survit dix ans à l'action personnelle, si la chose hypothéquée se trouve entre les mains du débiteur primitif ou de ses héritiers.

Il y a aussi des causes d'extinction qui sont pro-

pres au gage et agissent indépendamment de l'obligation principale qui n'en est pas atteinte.

C'est d'abord la perte de la chose engagée (L. 8,
pr. D., XX, 6). Mais il faut que cette perte soit totale ; si
elle n'est que partielle, le droit de gage subsistera sur
ce qui en restera : cela tient, comme nous l'avons vu,
au caractère d'indivisibilité du gage. Ainsi, en supposant que le gage consiste en une maison, celle-ci venant à périr par incendie, le créancier conservera
son droit sur le sol (L. 29, § 2. D., XX, 1). Cette
loi décide même qu'une nouvelle maison venant
à être construite sur l'emplacement ʾde l'ancienne,
se trouvera immédiatement frappée du droit de gage ;
c'est l'application du principe *superficies solo cedit*
(L. 35, D., XX, 1).

Remarquons cependant que ce droit de gage res-
tauré ne peut pas faire obstacle au droit que des possesseurs de bonne foi tiendraient de cette qualité
seule ; c'est-à-dire que si cette maison avait été re-
construite par des possesseurs de bonne foi, ceux-ci
ne pourraient être chassés par le créancier gagiste que
s'il leur remboursait les frais faits pour la recons-
truction au moins jusqu'à concurrence de la plus-
value.

D'une manière générale le changement de destination n'éteint pas le gage ; par exemple, si d'une maison engagée on a fait un jardin, ou si sur un terrain
on a planté des vignes (L. 16, § 2, D., XX, 1 ; L. 21,

D., XIII, 7), ces transformations n'éteignent pas le
gage; si cependant cette transformation était telle
qu'on ne reconnût plus aucunement l'ancien objet, le
gage ne s'étendrait pas au nouveau. Mais c'est une
question d'appréciation laissée à la décision du juge.
C'est l'exemple présenté par la loi 18, § 3, D., XIII, 7:
l'objet du gage est une forêt; des arbres y sont coupés
et servent à la construction de navires ; ceux-ci ne seront pas engagés à la place des arbres dont ils sont
faits. Pour qu'il en soit autrement, il faudrait que les
parties eussent spécifié que tout ce qui serait fait avec
les arbres de la forêt serait aussi frappé du gage.

Le gage s'éteint lorsqu'une condition résolutoire
vient éteindre les droits du constituant. Mais cette doctrine ne fut pas toujours admise : le droit constitué
sous condition résolutoire fut considéré comme un
droit pur et simple *ab initio* mais dont la résolution
était conditionnelle. Dès lors la résolution du droit
n'opérait pas *in rem*. Le propriétaire n'avait contre son
acquéreur qu'une simple action *in factum præscriptis
verbis* qui ne pouvait atteindre ceux qui avaient acquis
des droits sur la chose. D'après Ulpien, au contraire,
dont la doctrine finit par l'emporter, l'arrivée d'une
condition résolutoire éteint *ipso jure* les droits de l'acquéreur. Le bien rentre directement dans le patrimoine du vendeur et tous les droits constitués dans
l'intervalle sont anéantis (L. 3, D., XX, 6; L. 4, § 2, D.,
XVIII, 2).

Si c'est un droit de superficie, d'emphytéose, d'usufruit qui a été engagé, la révocation du droit du constituant fera disparaître le gage. Nous avons déjà vu que s'il s'agit d'un *pignus pignoris*, le second gage cesse d'exister quand le premier créancier est désintéressé (L. 40, § 2, D., XIII, 7 ; L. 13, § 2, D., XX, 1).

La confusion met aussi fin au droit de gage ; c'est la conséquence de l'incompatibilité qui existe entre les qualités de propriétaire et de créancier gagiste sur le même objet, le droit de propriété étant le plus complet des droits réels (L. 29, D., XIII, 7).

Le gage peut encore s'éteindre par la renonciation du créancier à ce droit. Pas plus qu'il n'y a de solennités particulières pour la formation du contrat, il n'y a de solennités exigées pour cette renonciation. Celle-ci peut être expresse comme elle peut être tacite ; dans ce cas elle s'induira de certains faits qui manifesteront l'intention du créancier : par exemple, ce sera le fait d'avoir autorisé le débiteur à vendre le gage, et aussi d'avoir participé à cette vente (8, § 15, D., XX, 6). Cela peut aussi s'induire de l'autorisation qu'aurait donnée le créancier d'engager la chose à une autre personne (9, § 1, 12, D., XX, 6). Mais il pourra y avoir des difficultés sur le point de savoir si en agissant ainsi le créancier n'a entendu que céder son rang, ou s'il a renoncé entièrement au gage.

L'usucapion de l'objet du gage ne suffisait pas à éteindre le droit de gage. L'acquisition ainsi réalisée faisait passer la chose du domaine de l'un dans celui de l'autre, *cum suo onere*. Mais la *præscriptio longi temporis*, qui se présente sous la forme d'exception, pouvait être opposée avec succès par celui qui avait eu pendant dix ou vingt ans la chose comme libre de tout droit de gage ou d'hypothèque. La prescription acquisitive de dix ou vingt ans est donc un mode d'extinction du droit de gage.

Il s'éteint aussi par la prescription libératoire de quarante ans. En effet, toute action personnelle se trouvant éteinte par trente ans, deux situations peuvent se présenter : ou la chose engagée se trouve aux mains d'un tiers, ou elle est encore entre les mains du constituant ou de ses héritiers. Au premier cas, le gage se trouvant aux mains d'un tiers, le gage sera entièrement éteint par la prescription de dix ou vingt ans ; si le possesseur était de mauvaise foi, par la prescription de trente ans.

Dans le second cas, la Constitution de l'empereur Justin décide que le gage subsistera encore dix ans. Ce résultat étrange était sans doute la conséquence de l'influence persistante du principe que nous avons déjà signalé, qui n'admettait la disparition du gage qu'autant que le créancier avait été payé ou avait reçu satisfaction d'une autre manière.

Le créancier payé, ou satisfait, ou obligé par une quelconque des causes d'extinction du gage, de restituer à son débiteur la chose engagée, restera-t-il toujours exposé à l'action *pigneratitia directa*? En un mot, cette action est-elle prescriptible ou ne l'est-elle point? Les premiers mots de la loi 10, C., IV, 24, semblent tout d'abord nier que cette action soit prescriptible ; le créancier ou ses héritiers ne pourraient invoquer la *longi temporis præscriptio* contre le débiteur qui réclamerait le gage après s'être régulièrement libéré. Mais ce texte doit être pris dans son ensemble, et la suite restreint la portée de la première phrase : « *Si originem rei probare potes, adversario tenente, vindicare dominium debes.* » Le créancier ou ses héritiers, encore détenteurs du gage, ne peuvent invoquer la *longi temporis præscriptio* contre la revendication du débiteur ; mais le texte ne dit pas qu'ils ne le puissent pas contre l'action *pigneratitia directa*. Celle-ci s'éteindra par la *longi temporis præscriptio*. Quant au point de départ de cette prescription, il semble que ce doive être le moment du payement ; car il ne paraît pas possible de faire courir la prescription contre un droit qui n'est pas né.

Le débiteur conservera donc la revendication, car le créancier n'a pu acquérir le gage par la prescription acquisitive, puisqu'il n'a jamais possédé qu'*alieno nomine*. On pourrait cependant se demander si cette revendication serait bien efficace et si le créancier ne pourrait pas invoquer contre le constituant la prescription trentenaire extinctive de toutes actions? Il semble bien qu'on puisse répondre affirmativement. Cependant le texte de la loi 10, C., IV, 24, admet la revendication ; on peut aussi, en sens opposé, faire observer que cette prescription extinctive ne peut être invoquée par celui qui a commencé de posséder pour autrui, contre la personne même pour laquelle il a possédé (LL. 2 et 7, § 6, C., VII, 39).

Cependant, à l'encontre d'un tiers cette prescription sera utile au créancier. Si nous supposons, par exemple, que le gage était une *res aliena*, et que le constituant ait été de bonne foi ; par la prescription de dix ou vingt ans il en aura acquis la propriété et le revendiquant sera sans action.

En supposant, au contraire, que le constituant a été de mauvaise foi, la solution sera encore la même : le créancier pourra invoquer la prescription libératoire de trente ans, car le revendiquant serait mal venu à lui opposer la règle : *Nemo potest sibi possessionis causam mutare*. Jamais, en effet, il n'a possédé au nom de celui-ci, mais bien au nom du débiteur.

DROIT FRANÇAIS

DU GAGE

Pendant les siècles troublés qui suivirent la chute de l'empire romain, le nantissement fut préféré de beaucoup à l'hypothèque. Cela s'explique si l'on pense au peu d'autorité dont jouissait la loi dans ces temps de force. Car, ainsi que le dit Pothier : « Le nantissement est une espèce de gage qui se contracte par la tradition qui est faite au créancier de la chose qu'on lui engage. En cela il diffère de l'hypothèque proprement dite qui se contracte par la seule convention, sans faire passer la possession de la chose au créancier. Le nantissement est du droit des gens ; car, selon le pur droit des gens, on ne peut acquérir de droit dans une chose que par la tradition ; ce n'est donc que par la *force* de la loi civile qu'on peut acquérir un droit d'hypothèque dans une chose sans tradition. » (*Nantiss.*, § 1). C'est l'impuissance des pouvoirs sociaux à faire respecter les conventions qui fut cause de la préférence accordée au droit de gage.

La rareté du numéraire, et le besoin qu'on en eût pour les guerres privées, pour les croisades surtout, multiplièrent l'usage du contrat de gage. Des immeubles furent remis en garantie entre les mains des prêteurs qui en jouissaient jusqu'au remboursement. Il semble difficile d'accorder ce fait si souvent pratiqué avec la prohibition du prêt à intérêt. On a voulu en trouver l'explication dans le caractère mobilier qu'aurait eu l'antichrèse. Il est probable que ce n'était qu'un état de fait amené par la nécessité des circonstances. Quoi qu'il en soit de cette controverse, Pothier dit formellement (*Nantiss.*, § 20) que le mort-gage est réprouvé et que le débiteur peut exiger du créancier un compte des fruits perçus et les faire imputer sur le capital.

A la même époque où le gage immobilier était si fréquemment usité, le gage mobilier l'était fort peu, à raison du peu de valeur des objets mobiliers, et de la facilité qu'on a à déplacer des objets de cette nature.

Lorsque le calme se rétablit, et que la loi devenue plus forte fut respectée, l'idée abstraite sur laquelle reposait l'hypothèque reprit faveur, et le gage immobilier fut moins pratiqué.

Quant au gage mobilier il avait toujours été d'un certain usage. C'était d'ailleurs le seul auquel les juifs, seuls capitalistes du temps, pussent avoir confiance, leur permettant de dissimuler facilement leurs richesses dans les nombreuses persécutions qu'ils eurent à subir. Le gage mobilier continua donc toujours d'être pratiqué, en général pour des transactions peu importantes ; il subsista parfaitement distinct et acquit plus de force par l'effet de la jurisprudence qui repoussa complètement dans certaines provinces l'hypothèque des meubles, et dans d'autres l'admit au point de vue du droit de préférence, mais la repoussa au point de vue du droit de suite.

Dès lors, le gage mobilier répondant à un besoin véritable eut un caractère propre. Mais comme la remise de la chose entre les mains du créancier conduisait au droit de préférence, les fraudes ne tardèrent pas à se multiplier et à attirer la réglementation du législateur. Cela eut lieu notamment dans l'ordonnance de 1629, art. 148 ; mais cette ordonnance n'ayant pas été enregistrée par les parlements ne fut pas observée.

Il faut arriver à la grande ordonnance de 1673, pour trouver dans les art. 8 et 9 du titre VI une réglementation efficace que le développement du com merce, et l'importance que la richesse mobilière commençait bien faiblement à prendre rendaient de plus en plus nécessaire.

C'est en cet état que le législateur moderne a trouvé le nantissement, et c'est sur l'ordonnance de 1673 qu'il s'est basé pour régler à nouveau ce contrat.

Cette loi, promulguée le 26 mars 1804 devait être suivie d'une autre qui aurait tenu compte des modifications que les exigences de la pratique commerciale devaient faire subir au contrat de gage. Malheureusement cette promesse ne fut pas réalisée, et il fallut attendre pour cela la loi du 23 mai 1863 qui mit fin aux difficultés que l'application des règles du Code civil au commerce suscitait à cet égard.

Le gage est un contrat par lequel un débiteur remet une chose mobilière en nantissement à son créancier pour sûreté de la dette (art. 2071, 2072, Cod. civ.).

La loi française reconnaît en effet deux sortes de nantissement : l'un qui porte sur les choses mobilières et qui s'appelle à proprement parler gage ; l'autre qui repose sur des immeubles et qu'on désigne sous le nom d'antichrèse. La distinction des meubles et des immeubles a donc en cette matière une importance capitale.

Les meubles seuls peuvent donc être donnés en gage. Il en est ainsi de presque tous les meubles corporels : les bijoux, les marchandises, les meubles meublants, les animaux, etc. On peut même donner en gage de l'argent comptant, suivant la remarque de Pothier ; cela se présente dans certaines bibliothèques où l'on permet d'emporter des livres moyennant la remise d'une somme destinée à en assurer la restitution.

Pour les immeubles par destination leur nature répugne au contrat de gage ; tout au plus pourrait-on se demander si dans le cas par exemple, de matériaux à provenir d'une maison à démolir, un engagement pourrait intervenir.

Pour que le gage soit valablement constitué, il faut que les meubles sur lesquels il porte soient dans le commerce, puisqu'au cas de non-payement de la dette à l'échéance, le gage doit être traduit en argent pour désintéresser le créancier. Ainsi toutes les choses hors du commerce, par exemple : l'homme depuis l'abolition de l'esclavage, les collections faisant partie du domaine public, n'étant pas réalisables en argent, ne sauraient être l'objet d'un contrat de gage.

Mais il y a des choses qui ne sont hors du commerce que d'une façon tout à fait relative et seulement par rapport aux parties : c'est ainsi que nous serions appelé à parler de la nullité du gage de la chose d'autrui, puisque dans ce cas l'objet du gage n'était pas dans le commerce par rapport au constituant. Nous étudierons ce point en traitant de la capacité requise pour engager.

Toute chose mobilière, à la condition d'être dans le commerce, peut donc être donnée en gage. Mais le principe ainsi posé est trop général et doit subir diverses restrictions résultant des règles particulières au gage ou de lois spéciales.

Ce contrat exigeant, comme nous le verrons plus tard, la remise matérielle de la chose entre les mains du créancier, il faut décider que toutes les choses mobilières futures prises en elles-mêmes et isolément ne pourront pas faire l'objet d'un gage. Nous ne parlons pas ici des choses qui sont un accessoire de la chose engagée; c'est ainsi que faisant application au gage de l'art. 2133 il faudrait décider que le croît d'un animal engagé ferait lui-même partie du gage et augmenterait ainsi la sûreté du créancier. Mais en faisant exclusivement porter le contrat sur les fruits à provenir d'un fonds, par exemple, on ferait un contrat nul : car la tradition en étant impossible, la possession en reste au débiteur, et l'on arriverait par ce moyen à constituer une véritable hypothèque mobilière que réprouve notre droit.

On peut donc engager toutes les choses mobilières qui sont dans le commerce et susceptibles de tradition. Ce n'est pas seulement sur les choses mobilières corporelles qu'on peut constituer un gage. Les meubles incorporels sont aussi susceptibles d'être engagés. Ce point avait d'abord été contesté par Pothier qui appliquait rigoureusement le principe de la loi 43, § 1, *De acquir. rer. dom.*, et décidait que les créances ne pouvaient être engagées comme non susceptibles de tradition. Lui-même reconnut que la remise du titre entre les mains du créancier constituait une tradition suffisante, et c'est en ce sens que décida un arrêt de la Cour des aides du 17 mars 1769 (Pothier, *Nantis.*, § 6).

De nos jours aucun doute ne peut s'élever sur cette question : le Code civil n'a pas même jugé utile de trancher ce point d'une manière formelle, mais il le fait d'une manière indirecte en réglant à l'art. 2075 les conditions nécessaires à l'établissement du privilège du créancier gagiste de meubles incorporels.

Mais des doutes se sont élevés sur l'application de cette règle à certains droits que l'on prétendait non susceptibles d'être engagés pour des raisons diverses.

Pour les brevets d'invention, par exemple, on a nié qu'ils fussent susceptibles d'un contrat de gage parce que la signification au débiteur de la chose engagée est impossible. Mais cette signification qui est en effet une des formalités exigées par le Code civil en cas d'engagement de choses incorporelles, n'est pas indispensable en cas de brevet d'invention puisqu'il n'y a pas de débiteur. On ne peut pas exiger non plus que la publicité exigée pour la transmission des brevets par la loi de 1844 soit observée ; car elle est prescrite en cas de cession et dans l'espèce il s'agit de nantissement. Il suffira que le contrat réunisse les conditions voulues par la loi, c'est-à-dire la constatation écrite de l'engagement accompagnée de la remise du titre. C'est en ce

sens que la jurisprudence a décidé (Paris, 29 avril 1865 ;
S., 66, 2, 24).

On s'est demandé si un bail peut être donné en gage.
La question pouvait paraître douteuse par suite de la
controverse sur la nature du droit du preneur. Il paraît
généralement admis que le droit du preneur est un
droit mobilier. Ce preneur, en échange des loyers
dont il est débiteur, est créancier d'une jouissance ;
l'objet du contrat de louage, par rapport au bailleur,
est une obligation de faire qui ne saurait constituer au
profit du preneur qu'un droit mobilier, qui peut, par
conséquent faire l'objet d'un gage (Cassation, 13 avril
1859 ; S., 59, 1, 713).

La jurisprudence est aujourd'hui bien fixée en ce
sens ; mais elle ne suit pas ce principe jusqu'au bout,
et se refuse à l'appliquer aux baux emphytéotiques.
Cependant il ne nous semble pas que le bail emphytéo-
tique doive être considéré comme autre chose qu'un
long bail, et que la durée de celui-ci n'en change pas
le caractère de créance de jouissance.

La question a été également soulevée au sujet des
rentes sur l'État. La raison invoquée était qu'elles sont
insaisissables. Mais pour n'être pas saisissables par les
voies ordinaires, elles se prêtent cependant fort bien
aux formalités du contrat de gage. Elles sont insaisissables, soit ! mais elles ne sont pas incessibles, et si,
à leur égard les formes de la cession ont quelques par-
ticularités, il suffira que le débiteur donne au créancier

nanti des titres le droit d'en consentir en cas de non-payement le transfert conformément aux lois spéciales; par là on remplacera la saisie impossible. C'est en ce sens que s'est prononcée la jurisprudence (Paris, 13 janvier 1854; S., 54, 2, 209, et 17 janvier 1868, S., 68, 2, 79).

L'insaisissabilité n'est donc pas à elle seule une cause suffisante pour faire déclarer le contrat nul. Mais lorsque les deux caractères d'insaisissabilité et d'incessibilité se trouvent réunis sur un droit il faut le déclarer impropre à être engagé. C'est ce qui arrivera pour les pensions alimentaires (art. 580, Code procéd. civ.) pour les pensions militaires et leurs arrérages de l'armée de terre (art. 28, loi du 11 avril 1831) et de l'armée de mer (art. 30, loi du 18 avril 1831) pour la rente viagère attachée à la médaille militaire (art. 3, décret 29 février 1852) pour les rentes viagères payées par la caisse de retraite de la vieillesse (art. 5, décret 18 juin 1850).

Parmi les droits qui ne peuvent être engagés parce qu'ils ne peuvent être cédés, nous pouvons citer l'usage et l'habitation, à raison de leur caractère tout personnel.

Caractères du contrat de gage. — Si l'on veut classer les contrats d'après l'élément principal de leur formation, on trouve qu'il y a des contrats réels, des contrats solennels et d'autres purement consensuels. Ces différents caractères se présentaient également en

droit romain : les contrats réels et les contrats consensuels y sont déterminés ; les contrats solennels
étaient ceux qui se faisaient *litteris* ou *verbis*. Seulement, en droit romain, le domaine de la convention et
son influence étaient bien moindres, et le caractère
de réalité dominait ; de nos jours le caractère consen-
suel l'emporte dans la plupart des contrats. Cependant
le gage est un contrat *réel*. C'est là son caractère principal.

Il est, de plus, accessoire, et synallagmatique imparfait. Il est, suivant les circonstances, de bienfaisance
ou à titre onéreux. Enfin il est un des contrats nom-
més qui sont spécialement étudiés dans le Code.

Intervenant pour garantir une autre obligation, le
contrat de gage est accessoire ; il est donc soumis aux
mêmes vicissitudes que le contrat principal ; toutes les
causes d'annulabilité, de rescision qui peuvent influer
sur l'obligation principale, agiront par contre-coup sur
le gage. Par suite aussi de ce caractère accessoire, le
gage sera soumis à l'examen du même tribunal qui
statuera sur le contrat principal. Si par exemple il est
intervenu pour garantir une dette commerciale, le tribunal de commerce connaîtra aussi du gage.

Si l'obligation principale était conditionnelle ou si
elle était à terme, le gage serait affecté de ces mêmes
modalités.

Le gage est un contrat synallagmatique. Nous verrons, en effet, qu'il entraîne des obligations pour l'une

et l'autre partie, tout comme en droit romain celles qui donnaient lieu aux actions *pigneratitiæ*.

Le plus souvent ce contrat est intéressé de part et d'autre : l'offre d'un gage procure du crédit au débiteur, et l'acceptation de ce gage par le créancier constitue une sûreté à son profit. Mais l'art. 2077 permet que le gage soit fourni par un tiers : celui-ci agit par pur esprit de libéralité à l'égard du débiteur, par conséquent l'élément de bienfaisance peut se trouver dans le gage ; mais il ne faut pas partir de là pour considérer le gage fourni par un tiers comme une libéralité à tous points de vue, qui, à ce titre, serait soumise au rapport, à la réduction, etc. Les rapports juridiques des parties qui figurent dans un contrat de ce genre peuvent être de la part du constituant ou l'exécution d'un mandat ou une gestion d'affaires, de la part du créancier et du débiteur un simple contrat de gage. Pour ces deux derniers le contrat de gage conservera son caractère particulier.

Le caractère le plus important du gage, celui qui lui donne sa véritable physionomie c'est d'être un contrat réel.

Il est réel, car il est de son essence qu'il intervienne une tradition de la chose. Ce principe était déjà celui du droit romain, mais il s'entendait à une certaine époque d'une façon un peu différente de celle où nous l'entendons de nos jours. La tradition devait être matériellement faite, ce qui ne rendait susceptibles d'être engagées que les choses susceptibles de possession. Nous avons vu que le préteur avait adouci cette rigueur de raisonnement, et que le droit moderne suivant cette voie permet le gage des choses incorporelles. Mais la nécessité de la tradition subsiste cependant tout entière ; c'est parce qu'on ne peut la faire pour les choses futures que celles-ci ne peuvent être engagées.

Bien que l'art. 2076, par sa rédaction semble indiquer que cette tradition n'est nécessaire à la validité du contrat qu'à l'égard des tiers, il ne faut pas oublier les termes formels de l'art. 2071 qui exigent la remise effective de la chose entre les mains du créancier pour la validité du contrat. Cette nécessité résulte de la nature même des choses : le créancier n'aurait aucune garantie sérieuse s'il n'avait la détention de l'objet engagé puisque le droit de suite n'est possible que sur les immeubles et qu'en règle générale l'art. 2279 la refuse pour les meubles. Cependant la nécessité de la tradition ne doit pas faire déclarer nulle la convention par laquelle un débiteur promettrait à son créancier de lui donner un gage ; cette obligation serait parfaitement valable et pourrait servir de base à une condamnation à des dommages-intérêts dans le cas où le débiteur n'exécuterait pas sa promesse, mais elle n'aurait pas par elle-même la force de constituer un contrat de gage avec toutes ses conséquences. Dans le même ordre d'idées on pourrait faire une convention de gage *in futurum*, c'est-à-dire faire un contrat de gage avant la naissance de l'obligation principale. Mais alors ce serait un gage conditionnel, comme nous l'avons vu en traitant du caractère accessoire du contrat.

Capacité des parties contractantes. — Après avoir parlé de l'objet du gage et des caractères de ce contrat, occupons-nous des personnes qui peuvent y figurer.

Ce point, pas plus que l'objet du gage, n'est traité d'une façon particulière au titre du nantissement ; il faut donc se reporter aux principes généraux, et décider par conséquent que la capacité est la règle et que l'incapacité est l'exception.

Au point de vue de la capacité le caractère accessoire du contrat n'a que peu d'influence. Il arrivera le plus souvent que la personne incapable du contrat principal le sera aussi pour le contrat accessoire. Mais ce n'est pas une règle absolue : il peut se faire que le contrat principal soit valable, et que le gage au contraire soit entaché de nullité ; par exemple, si un mineur émancipé pour un acte d'administration, à lui permis, constituait un gage, ce qui dépasse sa capacité. C'est que le gage a son caractère propre : c'est un acte non pas d'administration mais de disposition. Pour engager une chose il faut donc en avoir la propriété et de plus avoir la capacité d'en disposer. Il est rationnel d'exiger chez celui qui engage la capacité d'aliéner, puisqu'à défaut de payement le gage sera vendu. Suivant donc qu'une personne aura ou n'aura pas la faculté de disposer de son mobilier, elle aura ou n'aura pas la possibilité de l'engager. Par conséquent le mineur non émancipé est incapable de constituer un gage. Quan$_t$ au tuteur une distinction doit être faite : s'agit-il de meubles incorporels, il devra pour les engager observer les formalités prescrites par les art. 1, 2, 3 de la loi du 27 février 1880 qui tranche d'une façon formelle la question controversée sur le point de savoir si l'aliénation de ces biens était permise au tuteur seul, sans autorisation du conseil de famille. Les meubles corporels sont restés en dehors des prévisions de cette loi. Doit-on considérer qu'elle l'a fait à dessein ou bien qu'elle a voulu retirer au tuteur tout pouvoir d'aliéner ces meubles ?

Il nous semble qu'à défaut de réglementation de ce point dans la loi de 1880 il faut décider que le tuteur a droit d'aliéner ces meubles sans autorisation spéciale à condition d'observer les formalités de l'art. 452 du C. civ., par conséquent nous déciderons qu'il aura le droit de les engager, d'autant plus que, sans considérer l'engagement comme un acte d'administration, il faut considérer qu'il s'en rapproche dans bien des circonstances, et que cet acte n'est pas non plus une aliénation immédiate, mais seulement éventuelle.

Le mineur émancipé ne peut seul engager ses meubles. Pour ses meubles incorporels l'art. 4 de la loi de février 1880 lui prescrit, même s'il est assisté de son curateur, d'observer les formalités prescrites au mineur non émancipé pour l'aliénation de ces meubles.

Cette loi crée une raison bien forte pour lui refuser ce droit quand il s'agit de l'aliénation d'un meuble corporel. Pour ce qui regarde notre contrat nous déciderons qu'il ne peut engager seul ni ses meubles corporels ni ses meubles incorporels.

S'il s'agit d'un mineur émancipé par le mariage la question reste douteuse, car il est en dehors des prévisions de l'art. 4 de la loi de février 1880, dont on ne peut, par conséquent, que difficilement tirer argument.

Le mineur émancipé, commerçant, a pleine et entière capacité pour faire un contrat de gage. Cela est dit par l'art. 6 C. comm., qui lui permet « d'engager et hypothéquer ses immeubles. »

Les art. 5 et 7 du Code de commerce reconnaissent à la femme mariée marchande publique le même droit pour ce qui concerne son négoce.

Lorsqu'elle n'est pas marchande, la femme ne peut engager qu'avec l'autorisation de son mari ; séparée de biens, elle peut engager son mobilier, pourvu que cet engagement constitue un acte d'administration (art. 1449 C. civ.).

Si le gage a été fait par un failli, il sera nul ou pourra être déclaré nul suivant les distinctions posées par les articles 446 et 447 Code comm. Le gage a-t-il été constitué, pour une dette antérieurement contractée, depuis l'époque fixée comme étant celle de la cessation des payements, ou dans les dix jours qui la précèdent, il est nul et de nul effet relativement à la masse.

Si le gage, quoique constitué après la cessation des payements, l'a été en même temps que la dette qu'il est destiné à garantir, il suivra le sort de celle-ci. Il ne sera pas nul de plein droit, mais il pourra être annulé s'il est prouvé que le créancier a eu connaissance de la cessation des payements.

Rien ne s'oppose à ce qu'on puisse faire un nantissement par l'intermédiaire d'un mandataire ; mais celui-ci devra être muni pour ce contrat d'un mandat spécial, car on ne peut prétendre que ce soit là un acte d'administration. Il y a là une aliénation éventuelle. Le mandat général est insuffisant (art. 1988 C. civ.).

Être capable d'engager n'est pas encore suffisant : il faut être propriétaire de l'objet que l'on constitue en gage. Qu'arrivera-t-il si une chose a été engagée par une personne qui n'en était pas propriétaire ? Nous avons vu qu'en droit romain le gage de la chose d'autrui n'était pas frappé d'une nullité radicale, et qu'il n'était pas sans produire des effets légaux entre le débiteur et le créancier, mais que c'était au point de vue du droit réel qu'il était nul. La chose d'autrui ne pouvait pas être affectée par un tel contrat émané de personnes auxquelles elle n'appartient pas : le propriétaire pouvait la réclamer.

En droit français, le gage de la chose d'autrui produit plus d'effets au point de vue du créancier. Quand un gage est ainsi fait, on ne peut pas dire d'une façon absolue que le privilège du créancier gagiste n'exis-

tera pas. L'art. 2279 du Code civil décide la question :
si, au moment de la constitution de gage, le créancier
a cru de bonne foi que la chose qu'on lui engageait
était la propriété du débiteur, son droit sera respecté
(Berlier-Locré, t. XVI, p. 30). Ce n'est que si le meuble engagé a été perdu ou volé, ou si le créancier a été
de mauvaise foi, que le véritable propriétaire pourra
revendiquer avec succès. Les mêmes motifs qui proté-
geraient ce créancier s'il avait cru se rendre acquéreur
du meuble à lui remis par le débiteur le protègent dans
l'acquisition qu'il a cru faire d'un droit réel sur ce
même objet. Ainsi, si le créancier a été de bonne foi,
et a pensé que la chose appartenait au débiteur de qui
il l'a reçue, s'il a observé les formalités particulières
au contrat de gage, il n'aura rien à redouter sur la revendication du véritable propriétaire; sa condition sera
aussi favorable que si celui-ci avait consenti à la mise
en gage ou l'avait ratifiée expressément ou tacite-
ment.

Cette solution sur l'effet du gage de la chose d'autrui ne doit pas s'entendre d'une façon trop générale ;
elle doit être écartée pour les choses auxquelles ne
s'applique pas l'art. 2279 du Code civil. C'est ainsi que
les choses mobilières incorporelles sont en dehors de la
règle que nous venons de tracer. Si donc la chose d'autrui engagée se trouvait être un meuble incorporel, le
principe de la nullité du gage de la chose d'autrui repren-
drait son empire, et le droit du créancier gagiste ne pas-

serait pas avant celui du véritable propriétaire. Ce que nous disons des meubles incorporels doit être restreint, et l'art. 2279 du Code civil redeviendrait juste et utile s'il s'agissait de créances constatées par des titres au porteur transmissibles par simple tradition manuelle, en un mot s'il s'agissait de créances au porteur.

Entre les parties contractantes, c'est-à-dire entre le créancier et le débiteur, le gage, quoique portant sur la chose d'autrui, produit des effets contractuels : le créancier désintéressé doit restituer le gage, sauf, cependant, dans le cas où ayant découvert l'origine du gage, et venant à connaître le vrai propriétaire, il ferait à celui-ci sommation d'avoir à retirer sa chose dans un délai déterminé, faisant application au gage de la disposition édictée par l'art. 1938 du Code civil pour le dépôt. Mais une fois le délai écoulé sans réclamation du propriétaire, le créancier gagiste n'aurait plus de motifs pour refuser la restitution au débiteur. Quant à ce dernier, faute par lui de désintéresser le créancier, non seulement il ne peut réclamer le gage, mais il peut se voir déchu du bénéfice du terme par application de l'art. 1188 du Code civil ; on ne peut pas objecter que cet article est inapplicable parce que l'art. 2279 du Code civil protège la bonne foi du créancier ! Celui-ci est en effet seul juge de savoir si sa conscience lui permet d'invoquer la protection qu'il trouve dans cet article.

Après avoir étudié le gage de la chose d'autrui, on

est naturellement porté à examiner l'effet de l'engagement d'une chose déjà engagée. Dans ce cas deux circonstances peuvent se présenter : le créancier gagiste
prévient son propre créancier que le gage qu'il lui remet, il ne le détient lui-même qu'à titre de gage. Dans
cette hypothèse la règle du droit romain sera simplement applicable : le second gage ne subsistera que
tant que durera le premier ; dès que le premier créan
cier gagiste aura été désintéressé, son débiteur pourra
exiger la restitution du gage, et même pourra le revendiquer contre le second créancier gagiste qui ne
pourra se refuser à cette restitution puisqu'il a su que
le gage qu'il recevait était non pas la propriété mais un
simple gage entre les mains de son débiteur.

L'autre hypothèse est celle où le créancier a agi
frauduleusement à l'égard de son propre créancier ; il
lui a constitué en gage comme étant sa propriété ce
qui n'était entre ses mains rien autre qu'un gage. En
droit romain la solution était toujours la nullité, comme
gage de la chose d'autrui. En droit français la solution
résulte encore de l'art. 2279 du Code civil. Le second
créancier est-il de bonne foi et en possession réelle, la
réunion en sa personne de ces deux conditions le fera
triompher.

Cette hypothèse d'un sous-gage ne doit pas être
confondue avec celle d'un nantissement successif.
Cette dernière suppose qu'un débiteur de mauvaise foi
constitue à deux de ses créanciers successivement un

gage et leur en remet la possession à l'un et à l'autre : ce sera par exemple un gage portant sur des grains, et le débiteur après avoir remis à l'un des créanciers les clefs du grenier où sont enfermés ces grains, remet à l'autre créancier un autre exemplaire des mêmes clefs. Le conflit peut s'élever d'abord entre les deux créanciers se disputant le premier rang, puis entre le second créancier et le débiteur, ce dernier voulant faire déclarer le second gage nul. La jurisprudence a décidé que le créancier premier nanti était préférable, mais que celui-ci désintéressé, le second créancier pouvait aussi se considérer comme créancier gagiste et en exercer les droits (Aix, 31 février 1840 ; S., V, 1850, 2, 5 7 0)

Jusqu'ici nous avons recherché quelles personnes étaient capables de constituer un gage. Quelle capacité faut-il pour en recevoir un ? On pourrait tout d'abord croire que recevoir un gage c'est faire sa condition meilleure, et que par conséquent tout le monde pouvait se prêter à ce contrat. Ce serait aller trop loin. Il ne faut pas oublier que la possession et la tradition du gage soumettent le créancier à un certain nombre d'obligations. Il faut donc exiger chez celui qui reçoit un gage, la capacité générale de s'obliger : elle est suffisante, mais elle est nécessaire.

CONDITIONS DE FORMES

Pendant longtemps les conditions d'existence du gage ne furent pas réglées ; aussi la faculté qu'avaient les débiteurs de constituer des gages sans être tenus d'observer des formes spéciales donna lieu à des fraudes multiples : le débiteur pouvait soustraire à l'action de la masse de ses créanciers une partie de son actif soit en exagérant le montant de la dette garantie par le gage, soit en constituant des gages fictifs ; il pouvait aussi favoriser par ce moyen l'un ou quelques-uns de ses créanciers au détriment des autres.

L'ordonnance de 1629 tenta d'imposer une réglementation à la constitution de gages par son art. 148. Elle exigeait reconnaissance par écrit des gages constitués ; mais la sanction qu'elle imposait dépassait le but en prononçant que faute d'écrit, le créancier obligé de restituer le gage perdait de plus sa créance.

L'ordonnance de 1673 a amélioré cette disposition qui resta, comme on sait, sans exécution. L'art. 8 du titre VI porte : « Aucun prêt ne sera fait sous gage qu'il n'y en ait un acte par devant notaire, dont sera retenue minute, et qui contiendra la somme prêtée, et les gages qui auront été délivrés, à peine de restitution des gages à laquelle le prêteur sera contraint par corps, sans qu'il puisse prétendre de privilège sur les gages, sauf à exercer ses autres actions. » Cette ordonnance exige la rédaction d'un acte notarié, mais la sanction correspond exactement au motif qui dicte la formalité : le créancier perd son privilège, mais il conserve le droit « d'exercer ses autres actions. »

Le Code civil a mis également des conditions à l'existence du privilège du créancier gagiste, conditions que nous allons étudier. Mais auparavant il faut remarquer que c'est au point de vue du privilège qu'elles sont édictées, par conséquent relatives aux rapports du créancier gagiste et de la masse des créanciers de son débiteur. Car le Code civil ne soumet la constitution du gage entre parties à aucune formalité particulière.

§ 1. Nous nous occuperons successivement de ces formalités d'abord pour les meubles corporels, puis pour les meubles incorporels. L'art. 2074 du Code civil prescrit pour les meubles corporels la rédaction d'un acte public ou sous seing privé, constatant la somme due, et l'espèce et la nature des choses remises en gage, ou bien un état de leurs qualité, poids et mesure, et l'enregistrement de cet acte. Mais ces deux formalités ne sont requises qu'en matière excédant 150 francs.

Le Code exige, comme l'ordonnance de 1673 un acte écrit ; mais il permet que cet acte puisse être indifféremment un acte public ou sous seing privé. Le choix est laissé aux parties entre la forme authentique ou la forme privée.

Lors même que les parties recourent à la forme authentique, l'art. 2074 n'exige pas que l'acte soit l'œuvre d'un notaire. Il suffit que ce soit un acte public ; par conséquent, le gage qui se trouverait constaté dans un procès-verbal de conciliation serait parfaitement valable, à la différence de l'hypothèque qui doit être constatée par acte notarié (art. 54, Code proc. civ., et 2174 Code civ.). Mais si l'acte destiné à constater le gage est un acte notarié, il nous semble qu'il devra être rédigé en minute et qu'il ne suffirait pas qu'il le fût en brevet.

Il n'est pas même nécessaire que l'acte écrit requis par l'art. 2074 du Code civil soit fait uniquement dans le but de constater un gage. C'est ainsi que la Cour de Bordeaux a décidé qu'une convention de gage constatée dans un contrat de mariage dont elle se trouvait une clause accessoire était parfaitement valable (Bordeaux, 8 juin 1832 ; S., V ; 1832, 2, 655).

Enfin, à la différence de ce que prescrivait l'ordonnance de 1673, les parties ont la faculté de recourir à un acte sous seing privé. Mais cet acte doit offrir certaines garanties ; l'art. 2074 décide qu'il doit être dûment enregistré. Cet enregistrement est la sauvegarde des tiers ; c'est lui qui donnera à l'opération une date certaine au moyen de laquelle le débiteur ne pourra

plus pratiquer les fraudes que lui facilitait la possibilité d'antidater l'acte de constitution.

Le législateur semble n'avoir eu d'autre but que
d'assurer la date certaine à l'acte sous seing privé en
exigeant qu'il fût enregistré. C'est, comme le faisait
remarquer le tribun Gary, dans son rapport au Tribunat, pour que la constitution de gage ait « une *date certaine* qui exclue toute idée de fraude et de collusion »
(Locré, t. XVI, p. 39). Dès lors, il semble permis d'appliquer à notre hypothèse l'art. 1328 du Code civil tout
entier, quoique l'art. 2074 ne le rappelle que partiellement; on admettra donc la validité du gage fait par
acte sous seing privé non enregistré, mais dont la date
sera devenue certaine, soit par le décès d'un des signa-
taires, soit par la relation qui en aurait été faite dans
un acte dressé par des officiers publics.

Cette solution n'est pas admise par tout le monde :
ses contradicteurs ont dit que les privilèges sont de
droit étroit, que dans leur réglementation tout est de
rigueur, et qu'on n'en peut avoir le bénéfice qu'à la
condition d'avoir strictement observé toutes les formalités édictées par la loi. Or, l'art. 2074 ne parle que de
l'enregistrement qui doit, par conséquent, être considéré comme une formalité absolument indispensable
(Aubry et Rau, t. IV, § 432, note 7). Si le législateur
avait admis que le décès d'un des contractants ou la
mention dans un acte public pût être l'équivalent de
l'enregistrement, il l'aurait répété à l'art. 2074, ou il

aurait simplement renvoyé à l'art. 1328. Or, il n'a fait ni l'un ni l'autre; il a fait mention de la formalité de l'enregistrement et a par cela même exclu tout autre procédé. Cette opinion rigoureuse n'est pas celle de la majorité des auteurs, et il nous semble que c'est avec raison qu'on admet le créancier à invoquer son droit de gage contre les tiers lorsqu'il représente un acte sous seing privé ayant date certaine d'après l'un des modes prévus à l'art. 1328. Mais il faut s'en tenir à la stricte application de cet article, et ce serait aller trop loin que d'invoquer le motif d'une date certaine excluant toute idée de fraude et de collusion pour admettre que le timbre de la poste établirait la date certaine (Montpellier, 4 janvier 1853; S., V, 53, 2, 266).

La loi ne fixe aucune époque pour l'accomplissement des formalités qu'elle prescrit, et n'avait pas à en fixer. En effet, l'enregistrement est destiné à donner au créancier gagiste le droit d'opposer son privilège aux autres créanciers; il faudra donc que le titre qui constate son droit ait une date certaine antérieure à celle du titre destiné à lui être opposé.

Si le débiteur est tombé en faillite après avoir donné un gage, mais avant la formalité de l'enregistrement ou plutôt avant que l'acte ait acquis date certaine, ce gage sera nul à l'égard de la masse, s'il a été donné pour une dette antérieurement contractée, si cette date certaine n'est pas antérieure au jugement déclaratif de faillite.

De même, si un créancier a fait une saisie-arrêt entre les mains du créancier gagiste avant que celui-ci ait fait enregistrer la constitution de gage, l'enregistrement qui interviendrait postérieurement serait sans effet à l'égard de la saisie.

Remarquons que l'art. 2074 prescrit différentes mentions destinées à rendre impossibles les fraudes au détriment des créanciers: ainsi l'acte destiné à constater le gage doit contenir déclaration de la somme due. Sans cette déclaration rien n'eût été plus facile que de supposer un prêt plus considérable que celui qui a été fait. Pour appliquer cette disposition au cas où le gage est donné en vue d'obligations à naître plus tard, par exemple dans le cas où un banquier fait une ouverture de crédit, l'acte public ou sous seing privé enregistré au lieu de la déclaration de la somme due, contiendra mention de la somme à laquelle le crédit est limité.

L'art. 2074 visant une autre fraude qui consisterait à substituer un objet de grande valeur à l'objet de moindre valeur primitivement engagé exige la mention « de l'espèce et de la nature des choses remises en gage ou un état annexé de leurs qualité, poids et mesure. » La pensée de la loi est que la désignation soit claire, précise, telle en un mot que les objets soient déterminés assez nettement pour qu'il ne puisse y avoir de doute sur leur identité, et que la substitution de l'un à l'autre soit impossible. C'est uniquement une question de fait soumise à l'appréciation souveraine des juges.

Lorsque la désignation des objets engagés est faite après coup, elle doit être annexée à l'acte même, doit présenter les mêmes caractères de certitude et se trouve par conséquent soumise à toutes les prescriptions de l'art. 2074 ; c'est-à-dire que cet acte annexé doit être authentique, ou sous seing privé enregistré. Si la désignation des objets est complète pour certains, incomplète pour d'autres, le gage sera efficace pour les premiers seulement ; pour ceux-ci en effet toutes les conditions exigées sont remplies.

L'acte constitutif d'un contrat de gage doit-il être rédigé en double original ; ou bien doit-on se contenter d'un seul original ? L'opinion générale est que la rédaction d'un double n'est pas nécessaire, puisque le contrat n'est pas forcément synallagmatique et qu'au moment de sa confection il n'est pas certain que des obligations prendront naissance à la charge du proprié taire. La formalité du double n'est exigée dans l'esprit de la loi que pour les contrats parfaitement synallagmatiques qui dès leur origine sont créateurs d'obli⁻ gations réciproques.

Les formes exigées par l'art. 2074 ne sont obligatoires qu'en matière excédant la valeur de 150 francs. Au-dessous de cette somme ces formes ne sont plus nécessaires : cette exemption est établie en raison de la modicité de l'intérêt en jeu. Mais qu'est-ce qui doit être inférieur à 150 francs? Est-ce la créance garantie par le gage, ou bien est-ce l'objet engagé, ou bien faut-il que tous deux soient inférieurs à cette somme? Il suffit que l'un ou l'autre ne dépasse pas 150 francs pour exempter de la rédaction d'un acte écrit. Supposons en effet que la créance s'élève à 140 francs et que le gage vaille 200 francs. La rédaction d'un écrit est inutile puisque l'objet engagé, bien que d'une valeur de 200 francs ne répondra que jusqu'à concurrence de 140 francs. De même si la créance était de 200 francs le gage ne valant que 140 francs, puisque le droit de gage ne pourra s'exercer que jusqu'à concurrence de cette dernière valeur.

Dans les deux cas, la somme pour laquelle il y a conflit entre le créancier nanti et les autres créanciers est évidemment inférieure à 150 francs. C'est certainement ce que visent les termes du deuxième alinéa de l'art. 2074.

Telles sont, sous réserve de ce que nous aurons à dire au sujet de la tradition à l'art. 2076, les conditions de formes auxquelles est soumis l'engagement des meubles corporels.

§ 2. *Conditions de formes requises pour l'engagement des meubles incorporels.*

C'est aujourd'hui un point incontesté que la possibilité de donner en gage des meubles incorporels;

nous avons rappelé, en traitant de l'objet du gage l'opinion de Pothier qui, après avoir professé d'abord que cette sorte de meubles ne pouvait être engagée, est revenu à l'opinion contraire dans son *Traité de l'hypothèque*, § 211, en précisant les conditions et les formalités que reproduit l'art. 2075 C. civ. Les conditions pour les meubles incorporels sont au nombre de deux : c'est d'abord, comme pour les meubles corporels, un acte public ou sous seing privé enregistré. Nous n'avons pas à revenir sur ce que nous avons dit à propos de ces conditions et de l'application qui peut être faite de l'art. 1328 C. civ. Les motifs qui font admettre ou repousser l'application de cet article sont les mêmes, qu'il s'agisse de meubles corporels ou de meubles incorporels. Remarquons cependant qu'à la différence de l'art. 2074, l'art. 2075 ne fait aucune distinction quant à la valeur de l'intérêt en question. Pour les meubles incorporels la rédaction d'un acte écrit est exigée même au-dessous de 150 francs. Cette différence, dont on ne voit pas la raison, résulte bien clairement du rapprochement des deux articles.

L'autre prescription de l'art. 2075 est la signification du nantissement au débiteur de la créance engagée; elle complète la prise de possession par le créancier gagiste, mais seulement à l'égard des tiers. Par cet acte le débiteur se trouve lié vis-à-vis du créancier de son créancier, et ne pourra plus faire de payement au détriment du gagiste. C'est la même formalité que pour la cession des créances à titre de propriété; ici la cession a lieu à titre de gage.

Ce rapprochement avec la cession de créance amène à se demander si la signification au débiteur serait valablement remplacée par l'acceptation qu'il ferait dans un acte authentique du transport en nantissement.

Il nous semble que l'acceptation doit être admise comme équivalent de la signification ; elle est sans inconvénients à l'égard des tiers qui devront toujours s'adresser au débiteur pour savoir si cette créance est affectée de quelquedroit,et pour eux la signification ne constitue pas une publicité plus grande que l'acceptation ; elle suffit au créancier gagiste puisqu'elle est un lien que le débiteur a accepté. De plus, en complétant ainsi l'art. 2075 par l'art. 1690 on ne commet aucune inconséquence : c'est le même raisonnement que celui qui nous a fait admettre que l'enregistrement pouvait être suppléé par les autres modes indiqués à l'art.1328.

Un arrêt de la Cour de Besançon confirmé par la Cour de cassation dans un arrêt de rejet du 11 août 1869 (S., 69, I, 397) a cependant décidé le contraire. Cette jurisprudence considère la signification comme une formalité substantielle ; cela résulte de la comparaison des art. 1690 et 2075 du Code civil. Ce dernier article ainsi que le nouvel art. 91 du C. de comm. gardent le silence au sujet de l'acceptation ; or,en matière de privilège, on ne peut compléter la loi par analogie. Nous ferons observer que c'est le même raison-

nement qu'on écarte en admettant que l'enregistrement peut être suppléé.

Après la signification ou l'acceptation authentique,
le débiteur ne doit plus se libérer entre les mains de
son créancier. Si cependant sa dette est échue et que
le créancier gagiste ne puisse recevoir le payement
parce que sa créance n'est pas encore exigible, le débiteur ne peut pas être contraint de rester plus longtemps dans les liens de l'obligation, et il se libérera
valablement en versant le montant de sa dette à la
caisse des dépôts et consignations. Mais si le débiteur
se trouve ainsi lié à partir de la signification, tous les
actes antérieurs à celle-ci qu'il a faits avec son propre
créancier sont valables. Dans cette circonstance le
créancier gagiste est un tiers, par conséquent on devrait
n'admettre comme pouvant lui être opposés que les
actes ayant une date certaine antérieure à la signification. Cependant on ne l'exige pas pour les quittances
qui constatent des payements pour lesquels on n'a pas
l'habitude de recourir à l'enregistrement. On admet
généralement que les juges ont un pouvoir discrétion-
naire pour admettre que de simples quittances sous
seing privé non enregistrées puissent faire foi dans
tous les cas où les circonstances permettent de reconnaître qu'elles sont certaines et sincères. La signification est donc la formalité nécessaire pour que le
créancier gagiste soit saisi à l'égard des tiers, et pour
qu'il puisse leur opposer son privilège. Tant qu'il n'a

pas fait cette signification son privilège peut être compromis puisque le constituant titulaire de la créance en reste saisi : il peut arriver que ce dernier engage la même créance à un autre créancier qui, plus diligent, fasse aussitôt la signification et prime par là le privilège du premier créancier gagiste.

Si un créancier du titulaire de la créance formait saisie-arrêt entre les mains du débiteur de cette créance avant que le créancier gagiste ait fait signifier au débiteur son transport-nantissement, il est certain que le créancier saisissant serait préféré au créancier gagiste, car il a été véritablement un tiers par rapport à ce gagiste.

La question est très délicate et soulève de nombreuses discussions pour le cas où après une première saisie-arrêt viendrait la signification du contrat de gage, et où postérieurement à celle-ci d'autres saisies-arrêts seraient pratiquées.

La solution doit être la même qu'au cas de transport-cession et dépendra de l'opinion que l'on adoptera sur la question de savoir si la saisie-arrêt frappe d'indisponibilité toute la créance.

Quel est le moment extrême auquel on pourra faire la signification dans le cas où le débiteur tombe en faillite? Si une créance a été donnée en gage par le titulaire à un moment où il était encore très solvable et que cette signification ait été faite depuis la cessation des payements, ou dans les dix jours qui l'ont précé-

dée, est-elle tardive et par conséquent inefficace à l'é-
gard de la masse des créanciers auxquels le gagiste ne
peut plus opposer son privilège? On l'a soutenu très
énergiquement en se fondant sur ce que « la faillite est
« la cessation de payements; celle-ci est indépendante
« du jugement déclaratif. La faillite met arrêt sur tous
« les biens du débiteur; elle fixe l'état dans lequel ils
« se trouvent et paralyse tout mouvement ultérieur
« qui tendrait à changer leur condition. Qu'a-t-elle
« trouvé dans les mains du créancier qui se dit nanti?
« Est-ce un gage réalisé d'une manière complète et re-
« vêtu de toutes ses conditions d'existence? Nulle-
« ment. Ce gage manque d'un de ses éléments. Le
« créancier n'en est pas saisi à l'égard des tiers..... »
(Troplong, n°s 276 et suiv.). Or, lui permettre de faire
utilement cette signification qui le saisirait à l'égard
des tiers, ce serait lui permettre de changer au détriment de la masse une situation fixée irrévocablement.

C'est confondre deux situations distinctes : ce qui
dessaisit complètement le failli ce n'est pas la cessation des payements, c'est le jugement déclaratif, et ce
dessaisissement n'a lieu qu'à partir de la date de ce jugement (art. 443 Cod. comm.). Par conséquent, jusqu'au jour de ce jugement, le failli n'est frappé d'aucune incapacité l'empêchant de disposer de ses biens;
il faut donc décider que jusqu'à cette date un nantisse-

ment peut se compléter par la signification (Cass.,
4 janv. 1847 ; S., V, 47. I, 161).

Ce n'est pas dire que ce nantissement sera toujours
valable ; il sera annulable aux termes de l'art. 447 C.
comm., à condition que la masse des créanciers puisse
prouver la mauvaise foi du gagiste ; mais il ne sera
pas nul de plein droit par application de l'art. 446 Code
comm. De plus, l'art. 447 ne sera pas applicable dans
ses termes mêmes ; car on ne peut pas dire que le seul
fait d'avoir eu connaissance de la cessation des payements doive faire prononcer l'annulation de la signification. Il faut que des circonstances de la cause permettent de reconnaître que le créancier n'a pas été
réellement de bonne foi. Si ce gage avait été constitué
pour une dette antérieurement contractée, et qu'il l'eût
été dans la période suspecte, il tomberait sous l'application de l'art. 446 ; mais peu importerait que la signification ait ou n'ait pas été tardive.

Mais telle n'est pas notre hypothèse puisque nous
cherchons seulement l'effet que le retard dans la signification peut produire au détriment du gagiste, sans
supposer qu'il y ait d'autres causes qui puissent vicier
le nantissement.

Le législateur en rédigeant l'art. 2075 s'est évidemment reporté à l'art. 1690 ; il a eu en vue le nantissement des créances mobilières pour la cession desquelles le Code civil exigeait la signification ou l'acceptation authentique.

Mais il s'agit du gage des meubles incorporels, et parmi eux il en est qui ne se prêtent pas à toutes les formalités exigées pour le transport.

S'il s'agit de créances nominatives constatées par un billet ou un acte notarié, rien ne s'oppose à la stricte observation de l'art. 2075. Si c'est un droit au bail qui est engagé, la signification se fera au propriétaire. Mais nous avons vu que si c'est un brevet d'invention qui est donné en gage, la jurisprudence n'exige pas l'observation de la publicité prescrite par la loi de 1844, parce que celle-ci n'est exigée que pour les actes emportant mutation. Voici donc un premier cas où le gage est valable malgré l'inobservation d'une partie des formalités de l'art. 2075.

Il y a beaucoup d'autres créances telles que les rentes sur l'État, les actions et obligations dans les compagnies de finance, de commerce ou d'industrie qui sont incontestablement susceptibles de former la matière d'un gage civil et à ce titre produisent un privilège mais pour lesquelles l'application de l'art. 2075 soulève de nombreuses questions.

Occupons-nous d'abord des titres nominatifs dont la propriété se transmet par un transfert sur les registres de la compagnie. Il n'y a pas de raisons sérieuses pour ne pas exiger à leur égard la rédaction d'un acte écrit enregistré; telle est du moins l'opinion dominante. Quant à la signification elle peut être remplacée utilement par une déclaration de transfert. Le transfert, même pour les rentes sur l'État dans les formes de la loi du 8 floréal an VII, est seul efficace pour saisir le créancier gagiste (Paris, 3 juin 1836.; S, V,36,2,305). Mais le transfert qui peut remplacer la signification doit être fait à titre de garantie, pour bien marquer le droit spécial qu'il constate. Or toutes les compagnies n'admettent pas ce transfert en garantie, tandis que toutes admettent le transfert de propriété. Si donc la créance cédée est une de celles pour lesquelles le transfert de propriété est le seul possible, les parties devront appliquer l'art. 2075 en son entier et faire une signification.

Pour les valeurs à ordre, transmissibles par la voie de l'endossement, quelles formalités doivent être observées pour pouvoir les engager ? Deux opinions sont en présence : dans l'une on fait valoir que l'endossement suffisant à en transférer la propriété doit suffire pour les constituer en gage. L'endossement saisit le porteur de la manière la plus complète, que viendraient donc faire un acte séparé et sa signification ? Dans l'autre opinion on fait observer que s'il est vrai que l'endossement suffise à transférer la propriété, il est également vrai que la tradition suffit pour transférer la propriété des meubles corporels, et que cependant elle est impuissante à créer un privilège pour le gagiste si l'on n'a pas observé les règles de l'art. 2074. La situation est la même pour les valeurs à ordre ; les précautions que la loi a prises contre la fraude, les formalités rigoureuses dont elle a entouré le nantissement nous semblent, à défaut de textes contraires applicables, en matière civile à cette sorte de valeur.

Pour les valeurs au porteur la controverse est plus accentuée et donne naissance à trois systèmes.

Dans le silence de la loi au sujet de ces valeurs, la Cour de Paris a décidé que, puisque la tradition suffit à en transférer la propriété, elle suffit *a fortiori*. à les constituer en gage; qu'en effet, ce ne sont pas des meubles corporels auxquels on puisse appliquer l'art. 2074; et que l'art. 2075 ne leur est pas non plus applicable, puisqu'il reproduit l'art. 1690 qui certainement ne s'applique pas aux titres au porteur (Paris, 8 février 1854; S., V, 54, 3,320). Le même reproche que nous faisons à la même opinion à propos de l'engagement des valeurs à ordre, peut être fait ici.

La Cour d'Alger, dans un arrêt du 9 juin 1862, (S.,62, 2,385) considère que pour les titres au porteur on identifie le titre avec le droit qu'il relate, et par suite les traite comme de véritables meubles corporels, et exige la constatation de l'engagement dans un acte écrit ayant acquis date certaine. Elle applique en entier l'art. 2074, et n'exige cet acte qu'au-dessus de 150 fr. Quant à la signification elle ne l'exige pas par la même raison que dans l'opinion précédente, qui est que l'art. 2075 reproduit l'art. 1690, lequel ne s'applique pas aux titres au porteur.

La Cour de cassation n'admet ni l'un ni l'autre de ces deux systèmes. Suivant elle les art. 2074 et 2075 établissent des règles générales en matière de gage, l'art. 2075 en particulier doit s'entendre de tous les meubles incorporels quels qu'ils soient et tels que les indique l'art. 529 du Code civil, par conséquent, il ne peut y avoir gage avec privilège sur ces meubles qu'à la condition d'observer la double prescription d'un acte écrit avec date certaine et de la signification (Cass., 19 juin 1860; S., V, 60, 1,689; 30 novembre 1864, S., V, 1,503).

Nous n'avons jusqu'ici étudié les conditions de forme du contrat de gage qu'en supposant que le gage constitué était civil.

Quelles sont les formes nécessaires à la constitution d'un gage commercial?

Pour le gage commercial, comme pour le gage civil, on admettait généralement que sa validité entre le créancier gagiste et le débiteur n'était soumise à aucune formalité spéciale, et qu'en cas de contestation la preuve du gage commercial pouvait se faire par tous les moyens possibles (art. 109, C. comm.).

Mais lorsqu'il s'agissait pour le créancier d'opposer son privilège aux tiers, la question s'élevait de savoir si les art. 2074 et 2075 du Code civil, étaient applicables, et si, faute par le créancier d'en avoir observé toutes les prescriptions, les autres créanciers étaient autorisés à méconnaître son privilège. Cette question divisa longtemps les auteurs et amena des variations dans la jurisprudence jusqu'à ce qu'une loi du 23 mai 1863 ait réglé la matière.

L'art. 2084 du Code civil s'exprime ainsi : « Les dispositions ci-dessus ne sont pas applicables aux matières de commerce.... à l'égard desquelles on suit les lois et règlements qui les concernent. » Le Code civil semblait promettre une législation spéciale sur le gage commercial ; mais le Code de commerce ne s'en occupa que dans son application au contrat de commission ; l'art. 93 donna au commissionnaire qui avait fait des avances, un privilège sur les marchandises à lui expédiées, privilège dégagé des formalités de la loi civile quand l'expédition était faite d'une autre place. Au contraire si les marchandises avaient été déposées par un individu résidant au même lieu que le commissionnaire l'art. 95 C. comm. n'accordait de privilège à celui-ci qu'autant qu'il s'était conformé anx dispositions du Code civil sur le gage.

Ainsi, en dehors du cas spécial du commissionnaire et seulement quand les marchandises ont été expédiées d'une autre place, la promesse de l'art. 2084 C. civil, était restée sans exécution. A l'époque de la promulgation des Codes, les règles étroites des art. 2074 et 2075 C. civ. pouvaient ne pas être par trop gênantes : l'industrie encore fort peu développée ne produisait pas beaucoup plus que ce dont le débouché lui était assuré ; le gage n'y jouait qu'un rôle peu important, et l'on était porté à considérer comme dans une fâcheuse situation le négociant qui empruntait sur nantissement ; on l'assimilait volontiers au particulier qui avait recours au mont-de-piété.

Mais cet état de choses a changé ; le moyen de crédit qui existe dans le nantissement en est venu à être autant employé qu'il l'était peu autrefois, et c'est ce qui explique les nombreux efforts faits pour soustraire le gage commercial aux entraves des articles 2074 et 2075 du Code civil.

En ce sens on prétendait que par l'art. 2084 du Code civil, seul le gage commercial se trouvait soustrait aux règles du gage civil. L'absence de textes à ce sujet dans le Code de commerce n'était qu'une lacune qui ne suffisait pas pour replacer le gage commercial sous l'empire du Code civil ; à défaut de réglementation particulière, ce gage restait affranchi des dispositions du droit commun, et il existait même à l'encontre des tiers à la seule condition d'être établi à l'aide des preuves admises en matière commerciale par l'art. 109 C. comm. Les partisans de cette opinion ajoutaient qu'il n'y avait pas lieu de tenir compte du principe d'après lequel le Code civil est la loi fondamentale pour le commerce à défaut de dispositions spéciales du Code de commerce ; en effet, disent-ils, ce principe a été appliqué par le législateur lui-même : il l'a appliqué à l'art. 95 du Code de commerce, et par là, il a entendu limiter à ce cas les art. 2074 et 2075 du Code civil, laissant toutes les autres hypothèses sous l'empire de l'art. 2084 qui les en affranchit et dont l'art. 93 du Code de commerce est une application.

Malgré de vives résistances l'opinion contraire avait triomphé, et on décidait que dans le silence du Code de commerce au sujet du gage, les règles du droit civil devaient être appliquées à ce contrat.

En ce sens on faisait justement remarquer qu'il ne faut pas scinder l'art. 2084 en deux propositions : l'une qui exempte le gage commercial des règles du Code civil, l'autre qui le soumet à des lois spéciales à intervenir. Cet article ne doit pas être considéré comme établissant des catégories dans le gage ; il n'est qu'une réserve. Sa proposition est une : la dérogation a été soumise à la condition que des dispositions nouvelles seraient édictées plus tard ; celles-ci n'ont pas été faites, par suite le Code civil a conservé son empire, et ses art. 2074 et 2075 devaient être appliqués dans tous leurs détails.

La loi du 23 mai 1863, insérée dans le Code de commerce après un remaniement des art. 91 et suivants, a donné satisfaction aux réclamations du commerce en exonérant le gage commercial des formalités encombrantes du Code civil. Cependant même après la promulgation de cette loi, la controverse que nous venons de rappeler n'a pas perdu tout intérêt puisque cette loi ne statuait que pour l'avenir.

Les règles que le nouvel art. 91 du Code de commerce établit se rapportent au gage des meubles corporels et à celui des meubles incorporels. Mais pour pouvoir appliquer ces règles particulières, il faut commencer par reconnaître ce qui constitue un gage commercial. Pour déterminer si le gage est civil ou commercial, il n'y a pas à considérer la nature de l'objet constitué en gage, ni la profession du créancier, mais bien la nature civile ou commerciale de la dette garantie. L'art. 91 du Code de commerce porte, en effet : « Le gage constitué soit par un commerçant, soit par un individu non commerçant pour un acte de commerce, se constate... »

Cependant, la qualité de commerçant chez le débiteur n'est pas sans produire d'effets : le gage constitué par ce débiteur sera présumé commercial jusqu'à preuve contraire par application de l'art. 638, deuxième alinéa, du Code de commerce. Si l'acte est mixte, civil d'une part, commercial de l'autre, il faudra que le caractère de commercialité se trouve du côté du débiteur.

Si donc, une dette commerciale se trouve garantie par l'engagement d'un meuble corporel, cet engagement, en vertu du nouvel art. 91 du Code de commerce, se constatera à l'égard des parties contractantes conformément aux dispositions de l'art. 109 du Code de commerce ; c'est la plus grande facilité donnée à la constitution du gage.

Elle n'est pas moindre pour les meubles incorporels, pour ceux du moins qui se présentent sous la forme de titres nominatifs transmissibles par voie de transfert, de titres à ordre ou au porteur; mais l'art.91,quatrième alinéa, du Code de commerce, ne déroge pas aux dispositions de l'art. 2075 du Code civil pour les créances mobilières constatées par des titres qui ne sont transmissibles, ni par endossement, ni par transfert, ni par simple tradition. Pour ces actes la signification au débiteur de la créance engagée continue d'être exigée; nous ajouterons qu'à défaut de signification, il faut son acceptation authentique. Cette réserve s'explique bien si l'on pense que,faute d'être prévenu,le débiteur pourrait se libérer entre les mains de son créancier direct, et aussi que ces sortes de créances, difficiles à réaliser seront rarement l'objet d'un gage commercial.

Les titres nominatifs dont la propriété se transmet par un transfert sur les registres de la Compagnie, peuvent faire l'objet d'un gage commercial qui, depuis 1863, s'opère par un transfert à titre de garantie inscrit sur lesdits registres. Mais comme cette disposition ne force pas les sociétés à établir des transferts de ce genre, il peut se présenter des circonstances où la faculté accordée par l'art. 91 du Code de commerce ne puisse pas être utilisée. Dans ce cas les parties devront simplement recourir aux formalités, du gage civil; elles peuvent, en outre, faire un simple transfert au nom du créancier, puis faire un acte par lequel le prêteur reconnaîtrait n'avoir sur le titre transféré d'autres droits que ceux d'un créancier gagiste. Mais cet acte n'est autre chose qu'une contre-lettre que le créancier ne pourrait pas opposer aux tiers en faveur desquels son débiteur de mauvaise foi disposerait du titre.

Pour les titres à ordre, la question, actuellement encore débattue pour le gage civil, de savoir si l'endossement suffisant pour en transférer la propriété, suffirait pour les constituer en gage, question qui était la même pour le gage commercial, est tranchée désormais en faveur de l'endossement par l'art. 91, deuxième alinéa, du Code de commerce.« Le gage, à l'égard des valeurs négociables, peut aussi être établi par un endossement régulier, indiquant que les valeurs ont été remises en garantie. » Le mot « aussi » montre que c'est une facilité accordée par la nouvelle loi, et que les parties conservent la faculté de recourir à l'article 2075 du Code civil.

L'art. 91, Code de commerce est muet sur les titres au porteur, mais l'exposé des motifs de la loi de 1863 montre que la simple tradition suffit pour les constituer en gage. « Aucune disposition spéciale n'était nécessaire pour faire cesser toutes les controverses qui se sont élevées au sujet du nantissement des valeurs ayant la forme au porteur, puisqu'il est déclaré par le projet d'une manière générale, et par conséquent applicable à tous les objets mobiliers quelconques, que le gage commercial s'établit à l'égard des tiers conformément aux dispositions de l'art. 109. La propriété des titres au porteur est transmissible sans endossement, sans notification et par la seule tradition... Le premier alinéa de l'art. 91 suffit donc à leur égard et tranche toute controverse. »

De la tradition. — Après avoir suivi toutes les prescriptions des art. 2074 et 2075 du Code civil les parties doivent encore pour parfaire le contrat procéder à la *tradition* de la chose engagée. Cette tradition est exigée par l'art. 2076 *dans tous les cas*, c'est-à-dire que la chose engagée soit corporelle, ou qu'elle soit incorporelle, que l'intérêt en jeu excède ou non 150 francs. Dans ce dernier cas même la tradition sera la seule formalité nécessaire à l'engagement d'un meuble corporel.

Ainsi, la chose engagée étant un meuble corporel, la matière excédant 150 francs, il y a eu rédaction d'un acte ayant date certaine, avec désignation des choses remises en gage, ou bien s'il s'agit d'un meuble incorporel il y a eu, en outre, signification de l'acte,

cela est encore insuffisant, il faut de plus que le créancier ait été mis en possession du gage ; et cela est nécessaire non seulement pour que le créancier puisse
invoquer son droit de préférence contre les tiers, mais
aussi pour que le contrat produise ses effets entre les
parties. La tradition est donc de l'essence de ce contrat ; elle est indispensable à son existence ; sans la
possession du gage comment le créancier pourrait-il
exercer un de ses droits les plus importants, le droit de
rétention?

Quels sont les caractères que doit présenter cette
tradition pour satisfaire aux exigences de la loi? La
tradition de l'art. 2076 comporte d'abord la dépossession du débiteur, puis la mise en possession du créancier entre les mains duquel passe la chose. Pour répondre au but de la loi il faut que la possession du
créancier gagiste soit réelle et effective et non pas
feinte ou simulée ; elle ne doit pouvoir donner lieu à
aucune des fraudes, à aucune des surprises qui seraient
le résultat de ce que le débiteur aurait pu faire croire
que ces objets engagés étaient encore à sa libre disposition. La Cour de cassation s'exprime ainsi : « Il est
de l'essence du contrat de gage que la mise en possession du créancier soit un fait apparent, d'une notoriété
suffisante pour avertir les tiers que le débiteur est dessaisi et que l'objet engagé ne fait plus partie de son
actif libre. » Exiger que la mise en possession du créan-

cier soit un fait apparent peut paraître exagéré. Cette dépossession du débiteur pourra dans bien des circonstances n'être pas apparente, car elle peut avoir lieu par une tradition symbolique telle que la remise des clefs de l'endroit où se trouve l'objet du gage, et néanmoins le contrat sera valable ; ce que veut l'article 2076 c'est que le gage ne soit plus à la disposition du débiteur mais bien à celle du créancier ; c'est ce qu'expriment bien les mots employés habituellement : tradition réelle et effective. Du reste nous allons voir que si l'on est parfaitement d'accord sur le principe, l'application n'est pas sans présenter de nombreuses difficultés. Quand il y a dessaisissement effectif du débiteur, et prise de possession matérielle par le créancier, il n'y a pas de débats possibles ; mais des hypothèses peuvent se présenter qui laissent place à la controverse.

Bien qu'on ne puisse pas, d'une manière absolue, dire que les solutions acceptées pour la tradition en matière de vente soient toutes acceptées s'il s'agit de gage, puisque dans ce contrat la tradition doit être plus effective, plus matérielle, nous croyons cependant pouvoir admettre que la délivrance requise par l'article 2076 pourra s'effectuer d'après les modes énumérés dans l'art. 1606 du Code civil.

La remise des clefs de l'endroit où se trouve l'objet engagé constitue une tradition effective, pourvu que le débiteur n'en ait pas gardé d'autres. Le gage se trouve désormais soustrait à l'action du débiteur qui en est ainsi dépossédé, et il est en même temps mis à la disposition du créancier qui se trouve en rapport immédiat avec son gage : le débiteur ne peut plus présenter le gage comme lui appartenant ni s'en faire une source nouvelle de crédit (Aix, 21 février 1840 ; S., 1850, 2, 570).

La jurisprudence est allée plus loin dans cette voie : elle a décidé que même dans le cas où par suite de circonstances particulières le débiteur aurait pu se mettre en communication avec les objets engagés, on doit encore considérer la dépossession de celui-ci comme suffisante ; par exemple le gage portait sur des vins, et une clause du contrat chargeait le débiteur de leur donner des soins. Cette clause n'est pas incompatible avec un nantissement, et, pourvu qu'elle ne cache pas une fraude, les juges ne la considéreront pas comme devant faire annuler le gage. S'il arrive parfois que des décisions judiciaires en prononcent la nullité, cela ne porte pas atteinte au principe que nous venons d'établir; lorsque de pareilles décisions interviendront, elles auront le plus souvent pour motif que le débiteur n'aura pas cessé d'être en possession, et qu'il y aura eu dans l'exécution de la clause tel ou tel acte de nature à faire croire aux tiers que le débiteur avait encore les choses à sa disposition.

En général, nous pouvons dire que toutes les fois que
des circonstances particulières tenant soit aux connais-
sances spéciales du débiteur, soit à la fragilité de la
chose engagée et aux soins exceptionnels qu'elle peut
réclamer expliquent l'intervention du débiteur et que
cette intervention n'aura pas été de nature à nuire aux
tiers, elle n'entraînera pas la nullité de l'engagement.
L'art. 1606 du Code civil indique encore un autre
mode de délivrance de l'objet vendu : c'est « le seul
consentement des parties, si le transport ne peut pas
s'en faire au moment de la vente, ou si l'acheteur avait
déjà l'objet en son pouvoir à un autre titre. »

Il faut distinguer pour faire l'application de cet article au contrat de gage. Dans le premier cas, celui où
le transport n'est pas possible au moment du contrat,
le consentement pourra parfois se trouver impuissant
à opérer la délivrance ; par exemple si pendant le trajet
la chose est appréhendée matériellement par un second créancier gagiste. Mais dans le second cas, si la
chose se trouve déjà entre les mains du créancier gagiste à un autre titre, par exemple à titre de prêt ou de
dépôt, comme il a la possession effective, cette tradition que Pothier appelle *brevi manu*, sera suffisante et
efficace. On objecte qu'aucun fait extérieur apparent
ne venant révéler aux tiers la constitution du gage,
ceux-ci pourront légitimement en contester la validité
à leur égard. C'est exiger plus que la loi n'exige : on

suppose dans cette tradition *brevi manu* « que le créancier a rendu la chose qu'il tenait à titre de prêt ou de dépôt et qu'il l'a incontinent reçue de nouveau à titre de nantissement » (Pothier). Une fiction intervient, il est vrai, mais elle aboutit à créer une situation qui est exactement celle que la loi a voulue ; c'est-à-dire que la chose soit remise entre les mains du créancier.

Ce ne sont pas là, du reste, les seuls modes de dépossession du débiteur et de mise en possession du créancier que nous rencontrions ; les règles sur le gage commercial en sont la preuve : ainsi l'article 92, premier alinéa, du Code de commerce impose la même condition que l'article 2076 du Code civil, et dans les mêmes termes ; mais le deuxième alinéa porte que « le créancier est réputé avoir les marchandises en sa possession lorsqu'elles sont à sa disposition dans ses magasins ou navires, à la douane ou dans un dépôt public, ou si, avant qu'elles soient arrivées, il en est saisi par un connaissement ou par une lettre de voiture. »

La dernière partie de cet article montre par ses termes mêmes que la tradition doit être entendue d'une manière très large, et il ne peut y avoir de doute à ce sujet si l'on se reporte à l'exposé des motifs de la loi (*Moniteur*, 14 mars 1863, p. 378), et si l'on observe que ce nouvel article 92 du Code de commerce a été rédigé ainsi dans le but de faire cesser une interprétation trop restrictive de l'ancien article 93 du Code de commerce, qui cependant constituait déjà une dérogation au droit commun.

Nous ne devons pas omettre, en parlant des modes divers d'opérer la tradition, de donner quelques indications sur le fonctionnement des *magasins généraux*, dans la mesure où ils se prêtent au contrat de gage.

Les magasins généraux, connus aussi sous le nom de docks, sont de vastes magasins dans lesquels sont reçus en dépôt des objets mobiliers de toutes sortes, et spécialement des marchandises. Nous n'avons pas à insister sur les avantages de diverse nature que les commerçants peuvent retirer de l'usage des magasins généraux, mais seulement à montrer de quelle façon cette institution peut se prêter à la constitution du contrat de gage.

A raison de l'importance des opérations auxquelles ces magasins peuvent se prêter, leur création a été l'objet de la sollicitude du législateur, et deux lois ont été faites à ce sujet : en 1858 et en 1870, la dernière rendant plus facile l'ouverture des magasins généraux par suite des bons effets produits précédemment. Toutes les fois que des marchandises sont déposées dans un magasin général, celui qui les y a déposées reçoit un *récépissé* auquel se trouve joint un *warrant*. Le récépissé et le warrant contiennent l'un et l'autre les mentions propres à désigner le déposant, et aussi des mentions de nature à préciser la marchandise déposée. Chacun de ces titres se trouvant à ordre peut être transmis par un endossement, et cet endossement peut se faire pour la même personne, comme il peut se faire pour des personnes différentes ; seulement l'endossement de ces deux titres produit des effets différents ; celui du récépissé transmet le droit de disposer de la marchandise engagée, celui du warrant la donne en gage. Si donc des marchandises ont été déposées dans un magasin général, et que le déposant veuille les constituer en gage, il doit endosser le warrant au nom du créancier gagiste. Le warrant endossé doit être daté, et de plus énoncer le montant en capital et intérêts de la créance garantie, la date de son échéance et la désignation du créancier.

Lorsque le warrant est endossé pour la première fois le premier cessionnaire doit faire transcrire de suite l'endossement sur les registres du magasin, et mention de cette inscription est faite sur le warrant. Cette publicité prévient les tiers du droit qui grève la marchandise déposée.

Toutes ces formalités accomplies le créancier a un droit de gage sur les marchandises. La remise à lui faite du warrant endossé à son nom tient lieu de tradition.

Suivant les circonstances et la nature des choses la

tradition peut encore se consommer de manières différentes ; c'est ce qui arrivera par exemple dans le cas
de gage constitué sur des navires. Le navire étant déclaré meuble peut bien être engagé, mais il n'est pas
susceptible de détention matérielle puisqu'il doit con-
tinuer de voyager. Le créancier aura recours à l'inscription de son droit de gage sur les registres de la douane,
laquelle conserve tout ce qui est relatif à la propriété
des navires. Cette solution a, du reste, perdu beaucoup
de son intérêt depuis que la loi du 10 décembre 1874
permet d'hypothéquer les navires.

Les meubles incorporels sont également soumis à
la nécessité d'une tradition. Cela résulte de la place
qu'occupe l'art. 2076 et des mots « dans tous les cas. »
Cela résulte aussi de l'esprit de la loi ; sans doute la loi
exige la signification, et celle-ci peut être, à certains
égards, considérée comme une prise de possession ;
mais elle ne présente pas l'autre élément nécessaire à
la perfection de la tradition, c'est-à-dire la dépossession du débiteur.

La remise de la créance elle-même sera le signe
manifeste du dessaisissement du débiteur, qui se trouvera désormais dans l'impossibilité de présenter aux
tiers la créance comme lui appartenant. Cette tradition tient en quelque sorte lieu pour le nantissement
de la publicité que la loi prescrit pour les hypothèques.

Comment cette remise pourra-t-elle s'effectuer ?

Pour le gage, comme pour la vente, c'est par la remise du titre qui constate le droit mobilier engagé (art. 1607 et 1689 C. civ.). Le titre qui devra être remis variera suivant que la créance engagée est constatée par un acte sous seing privé ou par acte authentique, ce qui nous reporte à une application par analogie des art. 1282 et 1283 du Code civil pour la remise tacite de dette.

S'il s'agit d'un acte sous seing privé, c'est le titre original qui devra être remis entre les mains du créancier gagiste. Pour un acte notarié, rédigé en minute, dont, par conséquent, l'original reste dans les archives du notaire, c'est la grosse que le constituant devra remettre à son créancier. La remise de la grosse paraît être le moyen le plus propre pour donner toute sécurité au créancier ; c'est pourquoi nous pensons qu'on doit exiger la tradition de ce titre. Cependant cette opinion est combattue : on objecte que puisque la grosse n'est pas destinée d'une façon absolue à être seule de son espèce, une ordonnance du président pouvant en faire obtenir une seconde (art. 26, loi 25 ventôse an XI), la grosse n'offre pas par elle-même plus de sécurité au créancier qu'une simple expédition dont la remise constituerait dès lors une tradition suffisante. Il est vrai qu'on pourra parfois obtenir une seconde grosse, mais ce sera toujours un fait exceptionnel ; c'est pourquoi nous pensons qu'on doit exiger la remise de la grosse de préférence à une simple expédi-

tion qui peut se multiplier à l'infini sans qu'il en reste
trace.

On objecte encore que l'art. 1689 du Code civil dit
que dans le transport d'une créance la délivrance s'o-
père par la remise du titre; or, dit-on, une expédition
est un titre aussi bien qu'une grosse. A cette objection
on peut faire deux réponses : la première, c'est que,
si en effet, l'art. 1689 du Code civil semble applicable
par analogie, nous trouvons un argument de même
nature dans l'art. 1283 du Code civil, relatif à la remise
tacite de la dette, et que cet article dit que c'est la remise de la grosse du titre qui fait présumer la remise
de la dette. On peut en second lieu faire observer
qu'on ne doit pas assimiler sans réserve le transport-
cession et le transport-nantissement, que la tradition
en cas de gage, doit être plus effective et plus matérielle qu'en cas de vente : tel mode de dessaisissement
sera jugé suffisant pour une cesssion, qui pourra être
insuffisant pour un gage.

Ce que nous avons dit de la remise du titre au créancier gagiste, implique que la créance qui n'est pas constatée par titre ne peut pas faire l'objet d'un gage,
puisqu'elle n'est pas susceptible de tradition réelle,
condition nécessaire du contrat. C'est ainsi qu'un mari
ayant engagé à ses créanciers, pour remboursement
de la somme qu'ils lui avaient prêtée, les actions en
répétition qu'il pouvait avoir contre sa femme à raison

des augmentations qu'il avait pu procurer aux immeubles de celle-ci, les tribunaux ont décidé que la remise du titre aux créanciers, condition essentielle du contrat, n'ayant pu et ne pouvant s'effectuer puisque la créance n'était établie par aucun titre, le gage était nul comme portant sur une chose qui ne pouvait en faire l'objet Lyon, 31 janvier 1839, S., V, 39, 2, 537).

Pour l'engagement des créances, comme pour celui des meubles corporels, le dessaisissement du débiteur doit être entier ; celui-ci ne doit garder par-devers lui aucune pièce de nature à faire croire à des tiers que la créance est libre entre ses mains. Mais une fois que le dessaisissement présente ce caractère, il est suffisant. Cependant, cette règle a soulevé des difficultés dans son application ; par exemple, lorsque la chose engagée est le droit à un bail. Dans ce cas, il nous semble que la signification faite au propriétaire, le bail remis au créancier, les formalités prescrites par la loi soient remplies, et que le gage doive être considéré comme valable.

On a cependant prétendu qu'un autre élément était nécessaire, qu'il fallait que le débiteur eût abandonné les lieux loués et que le créancier en eût été mis en possession ; sous le prétexte que tant que le débiteur continuerait d'y résider, les tiers, trompés par cette apparence, ne supposeraient pas que le bail ait été engagé et le considéreraient comme continuant à faire partie de l'actif du débiteur. Il faudrait alors que le créancier ait pris possession des lieux loués.

Il nous semble que cette exigence n'existe pas dans la loi; ce qui est engagé, ce n'est pas le local, c'est uniquement le droit du preneur. Or, c'est là un droit mobilier auquel on doit appliquer la règle que la tradition est suffisante quand il y a eu remise du titre. Sans doute, l'intérêt des tiers doit être sauvegardé ! Mais la loi a considéré que la remise du titre et la signification au bailleur sont pour eux une protection suffisante. De plus, il faut remarquer que si l'on exige que le preneur livre les lieux loués à son créancier, cela aboutit à une cession pure et simple, immédiate de son droit au bail, tandis qu'en réalité il n'a voulu s'en servir que pour donner une sûreté ; on arriverait ainsi à nier qu'il soit possible de constituer en gage un droit au bail.

Or, comme la jurisprudence admet que le nantissement du droit à un bail est possible, il ne faut pas exiger du débiteur la condition de délaisser les lieux loués pour en mettre en possession son créancier. C'est ce qu'a décidé la Cour de cassation dans un arrêt du 13 avril 1859.

Il faut donc que le créancier ait été mis en possession; mais ce n'est pas tout : il faut qu'*il reste* en possession. L'art. 2076 du Code civil exige cette continuité dans la possession pour que le gage *subsiste*. Il faut, pour sauvegarder son droit, que le créancier con-

serve la possession du gage, qu'il ne la perde à aucun
moment ; s'il s'en dessaisit son droit s'évanouit sans
retour, et il ne peut pas renaître quand même les parties seraient d'accord pour substituer de nouveaux objets aux anciens. Dans ce cas les parties font un contrat entièrement nouveau, entièrement distinct du
premier et soumis à toutes les causes d'incapacité ou
de nullité qui ont pu survenir postérieurement à la convention primitive de gage.

Par conséquent tous les droits que des tiers auraient
valablement acquis avant cette substitution d'un nouveau gage à l'ancien seraient préférables à ceux du
créancier ; de même si ce second contrat de gage a eu
lieu peu de temps avant une déclaration de faillite et
qu'il se trouve compris dans la période de cessation
des payements, ce gage sera nul, quelle que soit l'an-
cienneté du premier contrat.

La perte de la possession par le créancier n'agit pas
toujours ainsi et n'amène pas nécessairement la perte
du privilège. Cet effet ne se produit que lorsque la renonciation peut être présumée, par conséquent dans le
cas où cette remise de l'objet du gage est volontaire. Alors non seulement les tiers peuvent se prévaloir de cette remise, mais le débiteur lui-même peut
l'invoquer au besoin. Si cependant cette remise de
l'objet du gage avait été provoquée par dol, il faudrait décider que, bien qu'opposable par les tiers qui

y auraient intérêt, elle ne saurait l'être par l'auteur du dol.

Allant plus loin dans cet ordre d'idées, nous arrivons à des hypothèses où la perte de la possession ne pourra plus être opposée qu'exceptionnellement au créancier et lui nuire. C'est ce qui arrivera toutes les fois que le créancier aura été dessaisi du gage sans sa volonté, par exemple lorsque le gage étant un meuble corporel aura été perdu par lui, ou lui aura été volé ; le créancier peut revendiquer le gage entre les mains de tous les tiers possesseurs.

C'est l'application du droit commun de l'art. 2279 du Code civil. Aussi lui accorderons-nous, aux termes de cet article, le droit d'exercer cette revendication pendant trois ans.

On a cependant voulu traiter le créancier gagiste comme le locateur d'immeubles, par suite de la similitude qui existe dans le motif du privilège de chacun d'eux. En conséquence on a proposé de limiter à quinze ou quarante jours le temps de la revendication possible par le créancier, aux termes de l'art. 2102-1°. Il ne nous semble pas que cette disposition doive être étendue au cas de gage ; les motifs diffèrent en effet : le privilège de l'art. 2102-1° repose sur l'idée d'une constitution tacite de gage ; notre convention, au contraire, est expresse. De plus, le gage du locateur d'immeubles porte sur un ensemble de meubles qu'il ne possède que d'une manière très imparfaite, et dont par suite l'identité serait difficile à établir au bout d'un temps un peu long ; tandis que dans notre gage conventionnel les objets engagés, bien fermement possédés par le créancier, sont aussi nettement désignés par l'acte même de constitution. Il faut donc s'en tenir au droit commun qui se trouve dans l'art. 2279 du Code civil.

L'art. 2279 du Code civil doit être complété par l'application de l'art. 2280. Le créancier qui aura perdu le gage ou à qui il aura été volé, peut bien le revendiquer pendant trois ans contre tout tiers détenteur, sauf dans le cas où ce tiers aurait acheté l'objet dans un marché, dans une vente publique, ou chez un marchand de choses semblables. car alors la revendication sera subordonnée à l'obligation pour le créancier de désintéresser les détenteurs du gage.

Toutes les fois qu'il y a eu perte ou vol de l'objet engagé, les droits du créancier seront toujours les mêmes, que celui qui s'est saisi du gage, soit le débiteur lui-même ou bien un tiers. Cependant si c'est le débiteur il n'y aura guère lieu à l'application de l'article 2280 du Code civil.

Nous avons jusqu'ici supposé que le gage était remis entre les mains du créancier ; il n'en est pas forcément ainsi. Il peut arriver que le gage ne soit pas laissé aux mains du créancier, soit par mesure de défiance à son égard, soit qu'il n'ait pas voulu se charger d'une garde peut-être dangereuse et de nature à engager sa res-

ponsabilité. L'art. 2076, dans ses derniers mots, admet
que le gage soit remis à un tiers convenu entre les
parties. Dans cette hypothèse, aucune formalité particulière n'est requise : ce tiers sera un mandataire,
mandataire du créancier et aussi, le cas échéant, du
débiteur; comme le mandat peut être conclu entre
absents, il n'est pas indispensable que ce tiers intervienne au moment du contrat de gage, et l'acte par
lequel il se reconnaîtra possesseur pour le compte du
créancier ne se trouve pas soumis aux règles de l'article
2074 du Code civil (Paris, 4 déc. 1847; S., V., 48, 2, 285).
La faculté de laisser la garde du gage à une tierce personne présente l'avantage très sérieux de permettre
au débiteur de constituer sur le même objet plusieurs
droits de gage, ce qui lui permet d'user de tout le
crédit que peut lui procurer cet objet.

Dans le cas où plusieurs créanciers ont acquis simul-
tanément leur droit de gage, et à défaut de conventions
particulières qui devraient faire la loi du contrat, chacun d'eux a un droit égal qui n'est limité que par celui
de son cocréancier gagiste, et viendra sur le gage
pour une part proportionnelle à sa créance.

Lorsque les contrats ont été successifs, plusieurs
hypothèses peuvent se présenter. Si c'est à la connaissance du premier créancier que le second gage a été
constitué, ou tous deux viendront à rang égal, ou le
premier aura cédé son droit au second qui dès lors le
primera; les circonstances du fait décideront. Si c'est

à l'insu du premier gagiste et que celui-ci soit saisi, non seulement son droit n'aura rien à souffrir de la constitution d'un second gage, mais encore celui-ci sera nul même à l'égard des tiers pour défaut de possession. Cependant le gage sera valable si l'objet étant remis aux mains d'un tiers, celui-ci consent à posséder aussi pour le second créancier, sans cependant que cela porte aucune atteinte au droit du premier créancier pour qui tout cela est *res inter alios acta*, et qui conserve sur le gage son droit intégral.

Du nantissement sous forme de vente. — Il nous reste à examiner la question, qui se présente naturellement à la fin de l'étude des conditions de forme du contrat de gage, de savoir quelle est la valeur d'un gage lorsque les parties pour le constituer ont eu recours à une simulation, par exemple ont emprunté les formes de la vente.

Disons de suite que la majeure partie des auteurs et la jurisprudence admettent au cas de gage la même solution qu'au cas de donations déguisées sous la forme d'un contrat à titre onéreux, c'est-à-dire qu'ils pensent que la simulation ne doit par elle-même et à elle seule suffire pour faire annuler la convention qui était le but véritable que les parties avaient en vue. Cependant on objecte que la vente comme la donation ont pour objet et pour résultat de transférer la propriété ; que par suite les tiers, s'ils n'ont d'ailleurs à se plaindre d'aucune fraude commise à leur préjudice, n'auront aucun intérêt à rectifier les choses et à faire reconnaître pour donation ce qu'on présente sous l'aspect d'une vente, puisque par l'effet de l'un ou de l'autre contrat la propriété est passée de l'un à l'autre, qu'il y ait donation ou qu'il y ait vente ; au contraire, avec un contrat de gage, la propriété reste sur la tête du débiteur, au moins tant que la dette n'est pas échue ; ce qu'acquiert le créancier c'est un droit de préférence soumis à l'observation de formes déterminées ; les tiers ont donc un intérêt important à faire reconnaître la simulation puisque les parties s'en servent pour échapper aux formes protectrices des intérêts des autres créanciers du débiteur.

Telle n'est pas l'opinion générale : la simulation ne fera pas déclarer le contrat nul par le seul fait qu'on a donné au contrat un autre nom. Pourvu que toutes les conditions prescrites par la loi aient été observées, qu'il n'y ait pas eu de fraude, par conséquent que l'intérêt des tiers ait été sauvegardé, le fait d'avoir qualifié vente ce qui n'était qu'un gage ne suffira pas à faire prononcer la nullité du contrat. Mais si cette simulation n'avait eu d'autre but que de soustraire les parties à telle ou telle prescription, en un mot si elle était frauduleuse, les tribunaux alors replaceraient les choses dans leur véritable jour et constatant que la vente masquait un gage, et que les formalités de la loi pour ce contrat ont été négligées, prononceraient la nullité du contrat.

C'est ainsi que la cession faite dans l'acte de prêt par l'emprunteur au prêteur d'un titre de créance avec pouvoir d'en disposer et sauf obligation de rendre en cas de remboursement, constitue un gage (Cass., 3 juillet 1834 ; S., 1834, I, 155). De même, la cession d'une créance pour plus de sûreté de l'obligation du débiteur a été reconnue être un gage valable (Lyon, 31 janvier 1 839 ; S., 1839 ,2, 53).

EFFETS DU CONTRAT DE GAGE

Le contrat de gage produit des effets de deux sortes d'abord le droit de gage, dérivant de son caractère de contrat réel et qui constitue la sûreté du créancier ; en second lieu il produit des effets personnels, lesquels proviennent des obligations que le contrat fait naître entre les parties.

I. DROITS DU CRÉANCIER

Une fois l'objet du gage remis aux mains du créancier, conformément à l'art. 2076 du Code civil, quels droits ce créancier va-t-il acquérir, quels droits le débiteur conservera-t-il sur la chose? L'art. 2079 du Code civil règle la situation de l'un et de l'autre : le créancier n'acquiert sur l'objet du gage aucun droit d e propriété ; celle-ci continue de résider en la personne du débiteur, tandis que la possession seule passe au créancier gagiste. La détention effective de l'objet du gage, base de son privilège, suffit à le protéger puisque le débiteur ne peut exiger la restitution tant qu'il ne s'est pas libéré. Lui donner la propriété du gage n'eût pas été plus avantageux et eût été contraire aux intérêts du débiteur.

L'art. 2079 caractérise la situation du gagiste en disant que la chose n'est entre ses mains qu'un *dépôt*.

Il faut prendre garde cependant que cette comparaison est tout à fait superficielle et qu'elle a seulement pour but de bien marquer que le créancier n'acquiert aucun droit de propriété sur l'objet engagé. De nombreuses différences séparent en effet ces deux contrats ; qu'il nous suffise de rappeler, par exemple, que le déposant peut à tout moment réclamer l'objet déposé et aussi que le dépôt étant dans l'intérêt du déposant, le dépositaire a une responsabilité bien moins grande que le créancier gagiste : le contrat de gage intervient en effet dans l'intérêt des deux parties contractantes.

De ce que la chose est entre les mains du créancier comme un dépôt, il s'ensuit qu'il lui est interdit de s'en servir pour son usage, à moins d'une autorisation expresse ou tacite du débiteur (art. 1930 du Code civil). Quant à l'étude des circonstances desquelles on pourra faire résulter cette autorisation, elle ne doit pas nous arrêter. Cette appréciation rentre absolument dans les questions de fait et dès lors elle est de la compétence exclusive des juges auxquels l'affaire est soumise. Le simple usage personnel que le créancier ferait de la chose engagée entraînerait sa responsabilité et pourrait même donner lieu à une répétition de l'objet de la part du débiteur en vertu de l'art. 2082 du Code civil. D'autre part, sa qualité de créancier lui rdonne le droit de garder la chose par-devers lui, et dans le cas où il viendrait à en être dépossédé, il pourrait intenter toutes actions à l'effet de la recouvrer, même contre le véritable propriétaire du gage.

La possession du créancier gagiste se trouve protégée de la manière la plus énergique par l'art. 400 du Code pénal qui punit de prison et d'amende le fait par tout débiteur, emprunteur ou tiers donneur de gage, d'avoir détruit ou détourné des objets par lui donnés en gage.

Puisque le créancier est dans l'impossibilité de tirer un profit quelconque du gage, il lui est à plus forte raison interdit de le vendre. Cependant la règle, absolue en principe, fléchira souvent par suite du caractère mobilier de notre contrat, et les tiers auxquels le gage aurait été vendu et livré bénéficieraient de la maxime « en fait de meubles possession vaut titre, » à la condition d'avoir été de bonne foi.

Mais s'il est interdit au créancier de vendre l'objet

engagé avant l'échéance et sans observer les formes prescrites pour la sûreté du débiteur, il lui est permis de le donner en gage à son propre créancier : si celui-ci a eu connaissance de la qualité de la chose il n'a pas plus de droit que n'en a le créancier primitif, et quand la première dette sera éteinte il ne pourra plus conserver le gage. Si, au contraire la chose lui a été remise sans que son débiteur l'avertit que lui-même ne l'avait qu'à titre de gage, sa position sera celle d'un acheteur de bonne foi.

Le principe de l'art. 2079 du Code civil est de l'essence du contrat de gage, et il n'y a pas possibilité d'établir d'exceptions pour les établissements de crédit qui prêtent sur dépôt de garantie ou de nantissement. Le plus souvent lorsque des titres au porteur sont remis à titre de garantie à un banquier, celui-ci reçoit le droit de les négocier. L'effet de cette convention est de constituer le banquier débiteur, non plus des titres *in specie* qui lui ont été remis, mais de titres du même genre. Cette convention n'a rien d'illicite par elle-même et par conséquent est parfaitement valable, seulement elle ne constituera pas un gage proprement dit.

En fait, il y aura souvent lieu à des difficultés pour savoir si le banquier a été ou n'a pas été autorisé à négocier les titres qui lui ont été remis comme sûreté. Cette question a été bruyamment débattue à propos de l'affaire Mirès. La société que dirigeait celui-ci avait fait des avances moyennant remise de titres, et cette remise était constatée par un récépissé qui ne désignait que le nombre et la nature des titres déposés, sans indiquer leurs numéros. Mirès vendit les titres sans en prévenir les propriétaires, et lorsqu'on le poursuivit de ce chef il prétendit n'avoir pas outrepassé ses droits considérant que l'absence de la mention du numéro valait,de la part des emprunteurs,concession pour lui du droit d'en disposer. Ce système fut repoussé par un jugement du tribunal de la Seine confirmé par arrêt de la Cour de Paris.

Cependant cet arrêt ayant été cassé pour vice de forme, la Cour de Douai appelée à statuer admit que l'omission des numéros sur les récépissés valait pouvoir de disposer; et constituait seulement la société débitrice de valeurs du même genre.

La Cour de cassation saisie de nouveau de l'affaire par le ministère de la justice, dans l'intérêt de la loi, cassa l'arrêt de la Cour de Douai en se fondant sur ce que les statuts indiquaient que la société « faisait des avances en compte courant et sur dépôts de garantie ou de nantissement; » que,par conséquent,les parties qui remettaient leurs titres le faisaient pour faire un nantissement puisque aucune stipulation n'étaitintervenue pour donner à la société le droit de disposer (Crim ; D., 62,I, 319). La seule omission des numéros sur les récépissés ne suffisait pas à enlever au contrat son caractère de nantissement.

Il ne faut cependant pas aller jusqu'à dire qu'une

clause formelle soit nécessaire pour donner au créancier le droit de disposer de la chose ; ce droit peut résulter implicitement des circonstances de la cause, et les tribunaux ont un pouvoir souverain pour décider à cet égard en fait.

C'est l'opinion admise par un arrêt de la chambre civile qui a statué dans la même affaire au point de vue des intérêts privés (Cass. civ., 26 juillet 1865, 65, I, 484) et qui n'a pas admis non plus que l'omission des numéros sur les récépissés manifestât l'intention d'autoriser la négociation des titres.

Il résulte de l'art. 2079 du Code civil que le créancier ne peut pas se servir de la chose engagée. Il en résulte encore qu'il n'est qu'un possesseur précaire et que tant que lui ou ses héritiers seront nantis du gage ils ne pourront prescrire contre le débiteur (art. 2236 et 2237 C. civ.), tant que leur titre n'aura pas été interverti. L'art. 2238 du Code civil dit que cette interversion peut résulter soit d'une cause venant d'un tiers, soit de la contradiction opposée par le possesseur aux droits du propriétaire. Nous verrons en traitant de la prescription des actions auxquelles le gage donne naissance, si le payement doit être considéré comme faisant cesser la précarité de la possession du créancier.

Quant au débiteur, il conserve la propriété du gage avec tous ses avantages, sauf celui de la possession qu'il n'a plus. Par suite tout accroissement, toute amélioration, toute plus-value de l'objet engagé lui profite. De même, en sens opposé, les détériorations que cet objet subira sont à son détriment ; si la chose vient à périr par cas fortuit c'est pour lui qu'elle périt, et le créancier qui aura perdu sa sûreté conserve le droit de réclamer ce qui lui est dû comme simple créancier chirographaire. Enfin, puisqu'il demeure propriétaire du gage, il conserve le droit d'en disposer à titre gratuit ou onéreux, entre-vifs ou par testament à condition cependant de respecter le droit de gage qui jusqu'au payement tiendra en suspens l'efficacité des droits ainsi conférés.

Du droit de rétention. — Pour que la possession procure au créancier une sûreté sérieuse il faut qu'elle dure autant que sa créance, et qu'il puisse repousser toute demande du débiteur qui voudrait récupérer sa chose. C'est ce que l'art. 2082 du Code civil lui accorde en décidant que le débiteur ne peut réclamer la restitution du gage qu'après avoir payé tant en principal qu'intérêts et frais, la dette pour sûreté de laquelle le gage a été donné. C'est ce qu'on appelle le droit de rétention. La privation de l'usage de sa chose sera pour le débiteur un stimulant à s'acquitter, et en même temps le créancier trouve dans ce droit la garantie qu'il voulait pour s'assurer contre l'insolvabilité du débiteur.

Il importe de déterminer ici quelle est la nature de ce droit de rétention. Beaucoup d'auteurs pensent que ce droit n'est pas opposable aux autres créanciers, qu'il n'agit qu'entre le débiteur et le créancier gagiste, qu'il est purement personnel. Dans cette doctrine les autres créanciers du débiteur commun pourront saisir le gage, sans que le gagiste puisse exiger d'être désintéressé avant de se dessaisir du gage. Celui-ci a un autre droit que les tiers seront obligés de respecter si l'on a accompli les formalités voulues, c'est le droit d'exercer son privilège sur le prix de vente réalisé.

Il nous semble que ce caractère personnel donné au droit de rétention n'est pas le véritable, mais qu'au contraire ce droit est opposable aux tiers, ce qui ne veut pas dire que les tiers n'auront pas le droit de faire saisir et vendre le gage sans l'autorisation du créancier gagiste. Non ; mais ce droit, tel que nous le comprenons, permettra à ce dernier, en se démettant du gage entre les mains de l'adjudicataire ou d'un tiers, d'exiger au préalable le payement de ce qui lui est dû.

Il est vrai qu'en droit romain le droit de rétention se présentait sous la forme de l'exception de dol, et que dès lors ses effets se restreignaient entre les parties. Mais, malgré sa portée restreinte, elle avait une utilité sérieuse pour le créancier : elle suppléait à l'absence d'action en droit classique ; il ne peut plus être question de cet avantage de nos jours. Alors le droit de rétention n'est-il qu'une simple exception personnelle et n'a-t-il pas quelque autre utilité ? Remarquons que s'il en était ainsi la gêne que le droit de rétention occasionnerait au débiteur serait peu efficace et l'exciterait peu à se libérer. Aussi Dumoulin pensait-il que le droit de rétention avait un caractère de réalité : « Jus « retentionis est reale quia præfertur omnibus credito- « ribus etiam hypothecariis. » Telle était la doctrine dans l'ancien droit; dans le droit moderne, des textes du Code civil supposent la réalité du droit de réten- tion : par exemple les articles 1612 et 1613 attribuent ce droit au vendeur non payé s'il n'a pas accordé de terme, et même s'il en avait accordé un dans le cas où, depuis la vente, l'acheteur est tombé en faillite ou en déconfiture. Or ce droit est, comme on sait, oppo- sable à tous les créanciers de l'acheteur. Or il nous semble que ce qui est vrai dans ce cas, l'est également toutes les fois que la loi donne un droit de rétention. En effet ces tiers qui veulent saisir la chose, que font- ils, si ce n'est exercer les droits du débiteur? Par con- séquent, pourquoi pourraient-ils le faire sans accom- plir ce que le débiteur lui-même serait tenu de faire?

On objectera contre cette opinion l'article 609 du Code de procédure civile, qui ne donne aux créanciers pour quelque cause que ce soit, en cas de saisie, que le droit de faire opposition sur le prix. Mais cet ar- ticle est contredit par l'article 1613 du Code civil, et de plus il n'est pas applicable en cas de saisie- arrêt.

On peut objecter aussi l'article 2094 du Code civil,

qui déclare qu'il ne peut y avoir entre les créanciers d'autres causes de préférence que celles résultant des privilèges et hypothèques. On peut répondre que l'article 2094 parle de la distribution du prix entre les créanciers et que ce n'est pas le cas du droit de rétention, lequel ne constitue aucun droit de préférence sur la distribution du prix, cette idée se trouvant appliquée par le privilège que la loi accorde au créancier gagiste.

Remarquons aussi que le Code civil parle d'une manière générale du droit de rétention sans distinguer, quant à ses effets, entre le débiteur et les tiers ; par exemple, aux art. 867, 1948 ; n'est-ce pas le cas de dire : *ubi lex non distinguit nec nos distinguere debemus*.

Nous pensons donc que le droit de rétention aura pour effet, sinon de s'opposer à la saisie, au moins de permettre au créancier de ne pas se dessaisir du gage avant d'avoir été désintéressé. Autrement nous ne voyons pas l'avantage que le droit de rétention procurerait au créancier et pourquoi le Code civil l'aurait maintenu. Pour que le droit de rétention puisse être opposé, faut-il que les prescriptions des art. 2074 et 2075 du Code civil aient été observées ? Pour les partisans du caractère personnel du droit de rétention il n'y a pas de difficulté à répondre non. Puisqu'il ne doit s'exercer qu'entre les parties, il ne doit pas être soumis à plus d'exigences que le contrat même ; or, nous

savons que les formes des art. 2074 et 2075 sont exigées *ad probationem tantum*. Pour ceux qui pensent que
le droit de rétention est opposable aux tiers il peut y
avoir plus d'hésitation. Cependant les prescriptions ne
sont exigées que pour la naissance du privilège, sans
qu'il soit question du droit de rétention ; or, les nullités
ne se suppléent pas.

Le droit de rétention établi pour la sauvegarde des
justes intérêts du créancier, ne doit pas aller jusqu'à
préjudicier au débiteur et il y a des circonstances où,
bien que le gagiste ne soit pas désintéressé, l'action en
restitution peut être intentée avec succès contre lui.
Cela se présentera lorsque le créancier ne donnant pas
à la chose les soins qu'il lui doit pourrait la compro-
mettre, et aussi lorsqu'il en abusera. Le Code civil, en
considérant l'abus comme une cause de restitution possible du gage, a employé une expression fort large
dans laquelle on pourra faire rentrer un grand nombre
de situations ; non seulement l'usage excessif mais encore un usage contraire à la morale, aux bonnes
mœurs, et même, comme nous l'avons dit plus haut, le
simple usage de la chose au cas où le droit de s'en servir n'aurait pas été concédé par le constituant au gagiste.

Le droit de rétention ayant pour but d'assurer au
créancier le payement de sa créance, c'est celle-ci qui
doit servir de mesure à ce droit ; il semble donc qu'une
fois l'obligation, pour laquelle le gage a été donné,

éteinte, le gage doive s'évanouir. Cependant, bien que le principe soit tel, la deuxième partie de l'art. 2082 du Code civil présente une disposition qui y déroge, dérogation, il est vrai, plutôt apparente que réelle et facile à justifier.

Cette disposition, empruntée à une constitution de l'empereur Gordien, mais considérablement restreinte dans ses applications, est la suivante : « S'il existait de la part du même débiteur envers le même créancier, une autre dette contractée postérieurement à la mise en gage et devenue exigible avant le payement de la première dette, le créancier ne pourra être tenu de se dessaisir du gage avant d'être entièrement payé de l'une et de l'autre dette, lors même qu'il n'y aurait eu aucune stipulation pour affecter le gage au payement de la seconde. »

C'est une constitution de gage tacite : Le législateur a supposé avec vraisemblance que le créancier qui s'est fait remettre un gage pour sûreté d'une première dette, et qui ensuite a fait un second prêt qui doit être remboursé avant ou en même temps que le premier, a considéré le gage comme devant répondre de l'une et de l'autre obligation et comme suffisant pour assurer l'une et l'autre. Ces motifs, qui ont été ceux des rédacteurs de la loi, et les justes limites dans lesquelles a été renfermé le droit de rétention justifient cette disposition du reproche qui lui a été souvent adressé d'ajouter arbitrairement au contrat.

Les conditions auxquelles est subordonnée l'existence de ce gage tacite sont les suivantes :

Il faut que la seconde dette ait été contractée postérieurement à la mise en gage. Si la dette non garantie était antérieure il n'y aurait pas de motif pour y appliquer le gage ; puisque le créancier n'avait pas cru nécessaire de stipuler cette garantie en contractant, la loi ne doit pas de son autorité faire plus en faveur de ce créancier que lui-même n'a jugé utile de faire ; elle s'en tient au principe du gage conventionnel.

Dans ce cas, on ne peut présumer que le créancier a voulu affecter le gage à cette seconde dette ; c'est plutôt le contraire que l'on pourrait supposer. Le rescrit de Gordien accordait le droit de rétention sans distinguer si la dette non garantie était antérieure ou postérieure à la constitution de gage.

En second lieu il faut que née postérieurement à la constitution de gage cette seconde dette soit devenue exigible avant le *payement* de la première ; on voit de suite dans l'époque de cette exigibilité rapprochée, la preuve que le créancier n'a qu'une confiance limitée dans la solvabilité de son débiteur, et l'on comprend bien qu'il était dans sa pensée de vouloir garantir sa seconde créance aussi bien que la première, et d'exiger pour elle une garantie que la loi a suppléée.

L'exposé des motifs montre qu'il faut mettre sur la même ligne le cas où la seconde dette est exigible avant le payement de la première, et celui où elle se-

rait exigible en même temps. Et cela est juste, les motifs sont absolument les mêmes pour l'une et l'autre
hypothèse. Que décider si l'on supposait que la seconde
dette exigible après l'échéance de la première se trouve,
par suite d'un retard dans le payement de celle-ci, exi_
gible avant le payement de la créance garantie? Pour
affecter le gage à cette seconde dette on ne peut guère
invoquer l'intention présumée du créancier, intention
qui est le fondement de la deuxième partie de l'article 2082.

Car, en supposant que tout se fût passé régulièrement
et telle devait être la pensée des parties *ab initio*, le
payement aurait été effectué à échéance, par conséquent, avant l'exigibilité de la seconde dette. Il est vrai
qu'il y a en faveur du créancier gagiste une considération d'équité qui trouve un appui très sérieux dans
le texte même de l'art. 2082| où nous trouvons le mot
«*payement.*» Vraiment nous ne pensons pas qu'on puisse
pour ce motif corriger le Code en remplaçant le mot
payement par le mot *échéance*. D'ailleurs, ce respect
absolument strict conduit à un résultat satisfaisant; car
l'équité serait froissée si le débiteur, qui doit actuellement deux sommes exigibles voulait exiger la restitution de son gage avant de s'être entièrement libéré !

Aux deux conditions précédentes nécessaires pour
qu'il y ait lieu à l'extension du droit de rétention, il
faut en ajouter une troisième : c'est que la seconde
dette ait été contractée directement par le même débi-

teur envers le même créancier. Il n'y aura pas lieu à l'application de l'art. 2082-2° si le gage a été fourni par un tiers ; celui-ci n'a pas entendu conférer des droits illimités sur le gage qu'il a constitué ; il l'a donné en vue d'une dette, celle-ci seule pourra s'exercer sur le gage. Le droit de rétention n'existera pas non plus si le créancier gagiste acquiert la nouvelle créance d'une manière indirecte, par une cession qui lui en aurait été faite ou parce qu'il l'aurait trouvée dans une succession ; la deuxième dette ne sera pas non plus garantie par le gage primitif si le débiteur ayant constitué un gage devient héritier d'une personne qui était débitrice du même créancier, ou si le débiteur qui n'avait fourni aucune garantie est héritier d'une personne qui en s'obligeant vis-à-vis du même créancier lui avait remis un gage. Dans toutes ces circonstances, le gage constitué en vue d'une dette unique ne répondra pas au même titre, ni d'une manière spéciale de l'autre dette qui se trouve accidentellement à la charge du même débiteur vis-à-vis du même créancier. Le débiteur ayant payé la dette à laquelle un gage avait été attaché pourra en obtenir la restitution sans que le créancier puisse s'y opposer sous le prétexte qu'il a encore une créance contre le même débiteur, celle-ci dût-elle réunir les autres conditions de l'art. 2082-2° du Code civil.

Quant à la nature du droit que l'art. 2082-2° du Code civil, confère au créancier, relativement à sa seconde créance, c'est une question qui divise les auteurs. Cette seconde créance sera-t-elle garantie de la même manière que la première, ou bien, au contraire, le créancier ne pourra-t-il exercer qu'un simple *jus retentionis* ?

Nous pensons, avec la majorité des auteurs, que le droit ainsi créé pour le créancier n'est qu'un droit de rétention, et ne constitue pas un droit de gage complet. Rappelons, du reste, qu'il n'y a là aucun danger pour le créancier, puisque nous avons admis un droit de rétention opposable aux tiers, en ce sens que ceux-ci ne pourraient vendre le gage sans désintéresser au préalable le détenteur.

Cette opinion s'appuie sur le texte même de l'article 2082-2° où l'on trouve ces mots qui limitent bien les droits du créancier « ... le créancier ne pourra être tenu *de se dessaisir.* » On peut faire observer de plus que ce gage tacite, créé spontanément par le législateur, ne vient qu'à propos du droit de rétention, et aussi que les art. 2074 et 2075 sont bien explicites sur les conditions qu'ils exigent pour qu'il puisse y avoir privilège ; or la loi a donné une extension favorable à la seconde dette dans l'article où elle traitait du droit de rétention, elle n'en a pas fait autant dans les articles où elle traitait du privilège. Il faut donc décider que le créancier n'aura qu'un simple droit de rétention.

L'opinion opposée à celle que nous venons de présenter s'appuie sur les paroles suivantes du tribun

Gary : « Observons qu'il s'agit ici d'une dette contractée postérieurement à la mise en gage pour sûreté de la première. En exigeant ce gage le créancier a montré qu'il ne se confiait pas à la personne de son débiteur ; et la *sûreté qu'il a prise une fois, il est censé l'avoir conservée pour la garantie de sa seconde créance.* » On en rapproche les derniers mots de l'art. 2082-2° : Le créancier ne pourra être tenu de se dessaisir du gage avant d'être entièrement payé de l'une et de l'autre dette, lors même qu'il n'y aurait eu aucune stipulation *pour affecter le gage* au payement de la seconde.

On en conclut que la sûreté conservée pour la seconde créance est la même qui avait été exigée pour la première, et qu'il y a convention tacite à l'effet d'affecter le gage au payement de la seconde dette, comme il avait été conventionnellement affecté à la première. Comme la convention expresse donnait un privilège la convention tacite le donnera également. Mais c'est précisément ce qu'il s'agit de démontrer !

Indivisibilité du gage. — Nous avons vu que le droit de rétention cesse d'exister au profit du créancier lorsqu'il néglige de donner à la chose les soins qu'elle comporte et que par son abus il la compromet. De même, avant toute libération, la justice peut ordonner dans l'intérêt commun des créanciers que le gage sera vendu par les soins du débiteur et que le prix de cette vente sera déposé (Cass., 13 janv. 1868, S., 68, 1, 131). Mais ce sont là des cas exceptionnels. La règle est que le gage doit rester entre les mains du créancier jusqu'au payement; et ce payement doit être intégral pour autoriser le débiteur à demander la restitution de la chose engagée. C'est une conséquence de la règle de l'article 1220 du Code civil qui exige que l'obligation, bien que susceptible de division, soit exécutée entre le créancier et le débiteur comme si elle était indivisible. Mais entre les héritiers du débiteur ou ceux du créancier quoique la dette soit divisible entre eux, la division ne pourra avoir lieu par suite du caractère indivisible du droit de gage. L'art. 2083 établit ce principe : « Le gage est indivisible, nonobstant la divisibilité de la dette entre les héritiers du débiteur ou ceux du créancier. » C'est une exception au principe de l'art. 1220 du Code civil au même titre que l'art. 2114 du Code civil mais qui à la différence de celui-ci ne figure pas dans l'énumération des exceptions de l'art. 1221 du Code civil. Il y a donc, lorsque la dette est garantie par un gage, la même exception au principe de la divisibilité que lorsqu'elle est garantie par une hypothèque.

Quels sont les effets de cette indivisibilité ? Si nous supposons que le débiteur ait donné en gage un ou plusieurs objets mobiliers et qu'il ne s'acquitte que partiellement, il ne pourra pas se faire restituer par le créancier une part du gage proportionnelle à la somme qu'il a payée. Tant qu'il devra encore quelque chose de la dette garantie, si minime que nous supposions ce reliquat, il ne pourra exiger aucune restitution partielle du gage. Cette solution est celle de l'art. 2082, premier alinéa, qui n'est que l'application de la règle, qu'une obligation bien que susceptible de division doit être exécutée entre les parties comme si elle était indivisible (art. 1220).

Mais où le véritable principe d'indivisibilité trouve son utilité, c'est dans le cas où le créancier vient à mourir laissant plusieurs héritiers dont quelques-uns seulement ont été payés de leur part dans la créance; tant qu'il y aura encore un des héritiers qui ne sera pas désintéressé, et désintéressé intégralement, le gage ne pourra être restitué au débiteur pour aucune de ses parties, car il est dans son entier et dans chacune de ses parties destiné à assurer le payement de la dette entière, par conséquent aussi de ce qui peut en rester dû.

Est-ce le débiteur qui meurt laissant plusieurs héritiers? Celui d'entre eux qui a payé au créancier sa part héréditaire dans la dette garantie devra cependant laisser la part qu'il a dans le gage entre les mains du créancier, car le payement qu'il a fait, total pour lui, n'est que partiel par rapport au gage qui répond de toute la dette. Si cet héritier avait un intérêt sérieux à retirer le gage des mains du créancier, rien ne s'opposerait à ce qu'il payât la part afférente à ses cohéritiers en se faisant subroger dans les droits du créancier; de la sorte il pourra recouvrer le gage.

L'indivisibilité du gage est de la nature du contrat et non de son essence. Le fondement de ce caractère semble se trouver dans la volonté présumée des parties; il vient naturellement à l'esprit que le créancier a désiré que le gage reste entre ses mains pour garantir toute la dette. Mais il n'y aurait rien de contraire à l'ordre public dans le fait par les parties de convenir que le gage serait divisible. L'intention présumée du créancier a fait établir l'indivisibilité du gage en sa faveur, son intention clairement exprimée d'accepter la divisibilité devrait être respectée. Cependant, il faut signaler que la Cour de cassation ne semble pas être favorable à cette opinion. C'est ce qui résulte d'un arrêt du 18 décembre 1866 (S., V, 67, 1, 164).

Droit de vente. — Avec l'art. 2078 nous entrons dans la période de la réalisation du gage. Lorsque le créancier n'est pas désintéressé à l'échéance, il peut faire vendre le gage, et c'est sur le prix de vente que s'exercera son privilège.

Nous avons étudié, en droit romain, les phases diverses que le droit de vendre a traversées, et nous avons observé que des modifications y furent successivement apportées dans le but de protéger le débiteur contre les trop grandes exigences de son créancier. Celui-ci procédait directement à la vente du gage, s'en attribuait le prix jusqu'à concurrence du montant de sa créance, et devait seulement compte du surplus à son débiteur.

Dans notre ancien droit, le créancier, avant de poursuivre l'exécution de sa créance sur le gage, devait mettre le débiteur en demeure de le désintéresser. A défaut de satisfaction, il lui fallait obtenir, partie appelée, une sentence judiciaire qui autorisât la vente. Celle-ci devait être faite par huissier, publiquement au plus offrant et dernier enchérisseur. L'usage permettait la convention par laquelle le créancier pourrait, à défaut de payement et après un certain délai, vendre sans être obligé de demander une sentence judiciaire, cette vente pouvant être faite directement par le créancier, dont la déclaration devait suffire à établir le prix (Pothier, *Nantiss.*, n°ˢ 24 et 25; *Hypothèque*, n° 216). L'art. 2078 du Code civil n'est ni moins rigoureux à l'égard du créancier, ni moins protecteur des droits du débiteur. Il établit d'abord qu'en aucun cas le créancier ne peut, à défaut de payement, disposer du gage; son droit se borne à l'alternative suivante : ou faire ordonner en justice que le gage lui demeurera en payement, seulement jusqu'à concurrence du montant de sa créance, et dans ce cas la valeur du gage devra être fixée par experts, ou faire ordonner que ce gage sera vendu aux enchères. Enfin, pour écarter toute possibilité de fraude au détriment du débiteur, la loi prohibe formellement toute clause qui permettrait au créancier de s'approprier le gage ou de le vendre au mépris de ces prescriptions.

Nous allons étudier en premier lieu les formalités relatives à la réalisation du gage civil; après quoi nous verrons que la loi de 1863 a soustrait le droit commercial à ces règles pour leur en substituer d'autres plus simples et plus rapides.

L'art. 2078 présente donc deux modes possibles de réalisation : ou le gage deviendra la propriété du créancier, ou il sera vendu.

Qui aura le choix entre ces deux moyens ? L'art. 2078 répond en donnant ce choix au créancier : « Le créancier ne peut, à défaut de payement, disposer du gage *sauf à lui à faire* ordonner en justice que le gage lui demeurera jusqu'à due concurrence, ou qu'il sera vendu aux enchères. » Cependant cette solution a rencontré des contradicteurs : les uns donnent l'option au débiteur, d'autres laissent au tribunal le soin de décider le parti à prendre. L'option ne peut en aucun cas appartenir au débiteur qui ne peut invoquer en sa faveur aucun texte mais seulement des considérations d'équité tenant à cette idée qu'il est le principal intéressé dans la question, et que le créancier n'a pas à s'inquiéter de la voie qui sera suivie pourvu qu'il obtienne son payement.

L'opinion d'après laquelle le tribunal indiquera celui des deux modes de réalisation qui sera suivi présente des arguments très sérieux. On cite d'abord en ce sens les paroles du rapporteur du Tribunat : « Si, dit-il, le gage est d'une valeur si modique qu'elle doive être absorbée par les frais d'une vente aux enchères, les juges se contenteront d'ordonner l'estimation. » On en a conclu naturellement que c'est la justice qui sera chargée de déterminer le mode le plus avantageux. On ajoute encore que le rôle de la justice en cette affaire serait tout à fait nul si elle n'avait d'autre mission que d'enregistrer la volonté du créancier, alors même que celui-ci, sans souci des intérêts de son débiteur, prendrait la mesure la plus défavorable aux intérêts de ce dernier ; ce n'est pas pour laisser la justice dans une impuissance d'agir aussi complète que la loi a remis cette procédure aux mains du tribunal et non à celle du juge des référés.

Si concluants que puissent paraître ces arguments, nous ne croyons pas qu'il soit absolument impossible d'y répondre. Nous invoquons d'abord en notre faveur les termes mêmes de l'article 2078 ; il n'est personne qui, à la simple lecture de cet article, ne donne le choix au créancier. Souvent il arrivera que le créancier formera une demande alternative ; dans ce cas le juge devra choisir, puisque la forme même de cette demande implique de la part du créancier une renonciation à son droit d'option. Mais lorsqu'il détermine nettement celui des deux moyens auquel il veut recourir, le tribunal ne pourra ordonner l'autre ; autrement on pourrait arriver à ce résultat inadmissible que le

créancier ayant poursuivi la vente aux enchères, vît
ordonner que la chose lui restera après estimation ; il
peut se trouver propriétaire forcé d'un objet sans aucune utilité pour lui. Certes il est fâcheux que le débiteur soit à la merci d'un créancier qui, par mauvais
vouloir, fera peut-être un choix nuisible au débiteur ;
mais il serait autrement fâcheux de voir le créancier,
qui en résumé a rendu un service, devenir propriétaire
malgré lui.

On répond que le créancier en sera quitte pour se
défaire immédiatement du gage s'il ne veut pas le conserver. Soit ! Mais trouvera-t-il de suite un acquéreur,
et en admettant qu'il le trouve, cette vente entraînera
toujours quelques frais ou tout au moins quelques ris-
ques. Or s'il y a quelque perte à subir, quelques ris-
ques à courir, il est juste de les faire supporter par
le débiteur qui est en faute de n'avoir pas payé, et non
par le créancier qui devrait être désintéressé.

Quant au rôle de la justice, il est loin, dans l'opinion
que nous soutenons, d'être aussi effacé qu'on le dit : il
consistera à surveiller la stricte exécution de l'article
2078, à empêcher les fraudes que des créanciers trop
exigeants pourraient commettre dans le but d'éluder
les prohibitions protectrices de la loi, à écouter enfin
les observations du débiteur qui peut avoir à demander
un délai de grâce, à faire valoir soit la compensation,
soit la remise, soit un moyen de libération quelcon-

que. Un arrêt de la Cour de Colmar, du 23 février 1828
(S., V. 28, 2, 174) accorde le choix au créancier et le
refuse complètement au débiteur.

Nous avons dit incidemment, dans la discussion qui
précède, que le créancier devait s'adresser au tribunal
et appeler le débiteur. En effet, l'article 2078 du Code
civil est considéré comme attributif de juridiction, et
si le créancier portait sa demande devant le juge des
référés, celui-ci devrait se déclarer incompétent, sous
peine de voir annuler son ordonnance.

En supposant que le créancier n'use pas de son
droit, le débiteur peut-il le forcer à vendre? Nous ne le
pensons pas. Le créancier a un droit de rétention dont
il peut toujours se prévaloir vis-à-vis de son débiteur,
tant que celui-ci ne s'est pas libéré. Mais alors il va
rester inactif dans le seul but de faire durer sa possession du gage! On peut faire remarquer qu'il n'aurait
pas un intérêt bien réel à cette détention prolongée,
puisqu'il ne peut faire aucun usage de l'objet engagé;
au contraire, il aggraverait sous un certain rapport sa
situation, puisqu'il prolongerait par là sa responsabilité quant à la garde du gage; le remboursement de sa
créance ferait bien mieux son affaire. En second lieu,
le débiteur, resté propriétaire du gage, peut le vendre
à un tiers, et avec le prix le dégager des mains du
créancier.

Il est vrai que c'est une situation pénible, car la
vente dans ces conditions sera rarement fructueuse;

tout ce qu'on peut dire, c'est qu'il y a là un conflit d'intérêts que le législateur n'a pas prévu et qui ne doit pas influer sur la décision qui donne au créancier· l'option entre la vente ou l'attribution à son profit.

Quel que soit celui des deux procédés à sa disposition qu'emploie le créancier, il a toujours des formalités à observer; s'il a demandé qu'il lui soit fait attribution du gage jusqu'à due concurrence, le tribunal, en lui adjugeant sa demande, ordonnera qu'une estimation de la valeur de l'objet soit faite par experts. Bien que l'art. 2078 mentionne que cette estimation sera faite par experts, il faut cependant décider que cette expertise n'est pas absolument indispensable, et que lorsque le tribunal croira posséder des éléments d'appréciation suffisants, il pourra se dispenser de recourir à une expertise. Cela se présentera naturellement lorsque le gage sera constitué en valeurs de Bourse. Quel motif y aurait-il de nommer des experts? N'est-il pas plus sûr de recourir à la cote du jour? De plus, en général, c'est le tribunal qui est expert, et il n'est pas lié par le dire des experts. Pourquoi donc multiplier les lenteurs et les frais, quand la loi ne fait pas de cette formalité une obligation particulière pour le tribunal, et qu'il n'en résulterait que des désavantages?

Si la valeur du gage est supérieure au montant de la créance, l'excédant doit-être restitué au débiteur; si elle est inférieure, le créancier conservera son droit pour le surplus. Mais jusqu'au jugement, le débiteur peut, en faisant des offres réelles de payer tout ce qu'il doit, demander la restitution du gage.

Le créancier a-t-il demandé que le gage soit vendu?

Cette vente doit se faire aux enchères; c'est une garantie pour les deux parties que la chose sera vendue à son prix véritable. C'est la seule règle que prescrive l'art. 2078. Cependant des auteurs pensent que pour cette vente il faudra suivre les formes de la saisie-exécution. Aucune disposition du Code civil relative au gage ne prescrit ce recours au Code de procédure. Il n'y a dans la circonstance présente ni de saisie ni de vente forcée à proprement parler. L'art. 2078 n'a prescrit la vente aux enchères que parce que la publicité et la concurrence qu'elle crée protègent les deux intérêts en présence.

Il faudra suivre les règles de la vente; c'est en faisant une application des règles de ce contrat que la Cour de cassation a déclaré nulle en vertu de l'article 1596-3° du Code civil l'adjudication consentie au créancier qui avait reçu mandat du débiteur de vendre le gage (Rej. 7 décembre 1852; S. V. 53, I, 417).

La vente devra être faite au comptant (art. 624 Code pr. civ.) Par conséquent cela ôte tout intérêt à la question, celle de savoir si le débiteur est libéré dans le cas où le créancier n'a pu obtenir de l'acheteur du gage le payement du prix. Ces formalités sont prescrites pour tous les cas, qu'il s'agisse de gage portant sur des meubles corporels ou qu'il porte sur des droits mobiliers. Cependant lorsque le gage à été constitué en valeurs qui ne peuvent se négocier qu'à la Bourse, la vente se fera à la Bourse par le ministère des agents de change. C'est même le seul mode possible s'il s'agit de fonds publics (arrêté du 17 prairial an X, art. 76 du Code com.). Cette dérogation à l'art. 2078 du Code civil s'explique, puisque la vente ainsi faite offre les mêmes garanties que s'il y avait eu véritable vente aux enchères.

Du pacte commissoire. — Les formalités que la loi a prescrites pour la réalisation du gage sont destinées à protéger le débiteur contre un créancier qui voudrait abuser de sa situation ; mais ces précautions seraient inutiles si la loi avait toléré les clauses destinées à y déroger. Aussi a-t-elle eu soin de s'expliquer en termes formels : « Toute clause qui autoriserait le créancier à s'approprier le gage ou à en disposer sans les formalités ci-dessus, est nulle. » C'est la prohibition du pacte commissoire. Pothier (*Nantissement*, n° 18) le définit : « Un pacte par lequel les parties convenaient que si le débiteur dans un certain temps ne retirait pas la chose donnée en nantissement en acquittant entièrement la dette, le dit temps passé, la chose serait de plein droit acquise irrévocablement au créancier en payement de la dette. »

En droit romain déjà nous avons vu cette convention prohibée par une constitution de Constantin. Mais à la

différence de ce qui existe aujourd'hui, cette constitution annulait tout le contrat de gage; le Code civil
frappe seulement le pacte même qui ne peut être invoqué par le créancier tandis que toutes les autres parties
du contrat produisent leurs effets.

La sévérité de la loi est bien justifiée à cet égard;
sans cette prohibition les créanciers maîtres de la
situation, en présence des besoins d'argent des emprunteurs, auraient toujours inséré ce pacte; la clause
serait devenue de style, et leur aurait permis de réaliser des bénéfices usuraires. Le débiteur aurait d'autant mieux souscrit ce pacte que l'échéance étant
éloignée, il aurait cru volontiers que le temps lui four-
nirait les moyens de réunir des ressources suffisantes
pour dégager sa chose. Bien que la prohibition du pacte
commissoire ait été vivement attaquée au nom du principe de la liberté des conventions, le législateur l'a considérée, à bon droit, comme une disposition d'ordre
public qu'il était utile de conserver.

Mais, si le Code civil a prononcé la nullité du pacte
commissoire, les prêteurs sur gage n'ont pas laissé de
chercher des combinaisons pour éluder la prohibition
et tourner les exigences de l'art. 2078.

Les conventions de cette sorte sont nombreuses et
les opinions diffèrent d'un cas à l'autre sur leur validité ou sur leur nullité. Nous ne pensons pas qu'on
doive les examiner séparément, mais au contraire dans
leur ensemble, et qu'il faut partir du même principe

pour leur donner une solution. Beaucoup de ces conventions sont reconnues valables si elles interviennent entre débiteur et créancier après la constitution du gage. A ce moment, dit-on, le débiteur a reçu l'argent, il n'est plus à la merci du créancier qui pouvait, auparavant, mettre les conditions les plus exagérées à son prêt; ce que le débiteur fait alors, il le fait en pleine liberté; le principe de la liberté des conventions reste la règle, et la prohibition continue de faire l'exception. Soit! admettons ce principe; il n'en est pas moins vrai que bien qu'il ait touché l'argent du prêt, le débiteur ne se trouve pas encore indépendant du créancier; celui-ci peut toujours le dominer par la menace de poursuites rigoureuses. Il n'est pas vrai que les conventions que le débiteur consent à ce moment soient l'œuvre de sa libre volonté; de plus, nous verrons que l'exacte observation de l'art. 2078 doit faire annuler ces conventions qui le plus souvent sont frauduleuses.

La première question qui se présente est celle de savoir si les parties peuvent convenir que le créancier ne sera pas obligé de recourir à la justice pour la réalisation du gage, et qu'il pourra le vendre à défaut de payement à la seule condition d'observer la formalité des enchères. Cette convention peut intervenir à deux moments : elle a pu être concomitante au contrat même, elle a pu lui être postérieure, par exemple être faite entre le contrat et l'échéance de la dette. Des auteurs la déclarent valable dans les deux hypothèses et y assimilent le cas où le créancier aurait un titre exécutoire; c'était une stipulation admise dans l'ancien droit, et qu'ils pensent devoir être encore acceptée de nos jours. En effet, Pothier (chap. IV, art. 1, § 1, *Hypoth.*) après avoir indiqué la voie à suivre pour obtenir la vente du gage, disait : « On peut convenir par le contrat de nantissement que le créancier pourra, faute de paye-ment après un certain temps convenu, vendre le gage sans obtenir pour cet effet aucune permission du juge.» Cette autorité ne doit cependant pas nous faire négliger le texte du Code ; or, admettre aujourd'hui la solution donnée par Pothier, n'est-ce pas aller contre les termes mêmes de l'art. 2078? « Le créancier ne peut, à défaut de payement, disposer du gage...Toute clause qui auto-riserait le créancier à s'approprier le gage ou à en *dis-poser* sans les formalités.ci-dessus est nulle. » Il nous semble impossible d'admettre cette convention quand elle est faite au moment même du contrat.Le doute est plus sérieux lorsqu'elle intervient une fois le contrat conclu. On peut dire que la loi par le mot « clause » n'a entendu interdire que ce qui était concomitant au contrat ; la *clause* fait, en effet, partie du contrat prin-cipal et son sens est beaucoup plus restrictif que celui de convention

Cependant les conséquences auxquelles conduirait cette opinion doivent nous la faire rejeter. Le résultat est, en effet, de permettre au créancier de disposer du gage au mépris d'une des formalités les plus protectrices des intérêts du débiteur, c'est-à-dire l'intervention de la justice. Supposons en effet que le gage ait été constitué en valeurs de Bourse; le mode de réalisation naturel c'est la vente en Bourse publique. Voilà donc le créancier, nanti des titres, maître en vertu de cette convention de vendre le gage et de choisir pour cette vente le jour qu'il lui plaira ! Choisira-t-il celui où la valeur semble avoir son plus haut cours? Cela lui importera peu, le gage étant presque toujours d'une valeur supérieure à la créance qu'il garantit. N'y a-t-il pas là un moyen de fraude trop évident ; ne peut-on pas dire que le créancier a disposé du gage?

Si la convention est intervenue en ce sens qu'à défaut de payement, le créancier serait autorisé à prendre le gage en payement d'après une estimation, elle doit être annulée à quelque moment qu'elle intervienne ; on distingue souvent à ce sujet : nullité si cette convention intervient au moment du contrat ; validité si elle est faite après cette époque. Pothier (*Nant.*, n° 19) disait : « Il ne faut pas comprendre avec le pacte commissoire celui par lequel les parties conviennent que, faute par le débiteur de payer dans un certain temps la somme pour laquelle la chose a été donnée en nantissement, le dit temps passé, la chose demeurerait acquise au propriétaire (créancier) en payement de la dette, non pas *simpliciter*, comme dans le pacte commissoire, mais suivant l'estimation qui en serait faite alors par les personnes dont les parties conviendraient, et sauf à elles à se faire respectivement raison de ce que la chose serait estimée plus ou moins que la chose due. » Pour nous cette convention constitue une violation de l'art. 2078, car il y a une appropriation sans intervention de la justice. Et nous trouvons un avis conforme dans la suite du § 19 du *Traité du nantissement* de Pothier: « ..... Le créancier à qui la chose a été donnée en nantissement, doit, en exécution de cette clause, après l'expiration du temps dans lequel la dette devait être acquittée, *assigner le débiteur* qui la lui a donnée en nantissement pour convenir d'experts, pour faire l'estimation de cette chose, et *pour voir dire que la chose lui demeurera* en payement de sa créance, pour l'estimation qui en aura été faite. » Ainsi Pothier admettait la convention, mais il lui assignait une procédure pareille à celle de l'art. 2078 du Code civil: nous ne devons donc pas nous écarter du texte de cet article.

Dans cet esprit nous devons aussi déclarer nulle la convention par laquelle les parties stipuleraient dans l'acte de nantissement que le prix du gage, supérieur ou inférieur au montant de la créance, resterait au créancier ; dans le premier cas l'excédant constituant un bénéfice pour lui, et le débiteur étant entièrement libéré même si le prix du gage restait inférieur à la créance. Malgré l'apparence aléatoire qu'elle présente, cette convention ne doit pas être admise, car il ne faut pas oublier que le gage est toujours d'une valeur supérieure à la dette qu'il garantit. Cette convention serait-

elle faite après la conclusion du contrat, nous l'annule-
rions encore.

Il y a une situation dans laquelle il est plus difficile
de décider : c'est lorsqu'une vente pure et simple du
gage a été consentie ultérieurement au créancier par
le débiteur soit avant, soit après l'échéance de la dette.
Le danger existe surtout lorsque cette convention est
faite avant l'échéance. Mais il est difficile de l'annuler,
le cas ayant été spécialement prévu dans la discussion
de la loi et ayant été résolu dans le sens de la liberté des
conventions (*Locré*, tome XVI, p. 15).

En résumé, toutes ces conventions présentent un
danger sérieux. Sous prétexte que, nanti de son argent le débiteur est soustrait à l'influence de son créancier, il ne faut pas valider des pactes faits le lendemain
du gage, pactes qu'on aurait annulés s'ils avaient été
contemporains du contrat, ni permettre au débiteur
de renoncer à la protection qu'il trouve dans l'intervention de la justice.

De la réalisation du gage commercial. — En matière
commerciale, même avant la loi de 1863, l'art. 2078
était écarté (Cass., 2 décembre 1861, S., 63, 1, 153).
Depuis la nouvelle loi, le gage commercial est soumis
à des règles qui lui sont propres.

L'art. 93, premier alinéa du Code de commerce,
porte : « Le créancier peut, huit jours après une simple signification faite au débiteur et au tiers bailleur
du gage s'il y en a un, faire procéder à la vente publi-

que des objets donnés en gage. » Les frais et surtout les lenteurs qui accompagnaient les prescriptions de l'art. 2078 du Code civil, répugnaient à la rapidité des affaires commerciales, et rendaient le gage à peu près impossible comme moyen de crédit usuel. Il importe bien au banquier d'être payé, mais il est presque aussi important qu'il soit payé à échéance ou très peu de jours après ; et l'incertitude où il était à ce sujet le poussait à faire des conditions plus onéreuses.

Aussi la loi de 1863 dispense le créancier de recourir à la justice : il peut, huit jours après signification au bailleur de gage, faire vendre ce gage.

Cette loi n'a cependant pas oublié la protection due au débiteur ; le créancier devra faire procéder à une vente publique. La loi de 1863 n'a fait que généraliser ce qui avait été fait à titre d'essai et timidement par la loi de 1858 pour les marchandises déposées dans les magasins généraux.

C'est aussi dans une idée de protection pour le débiteur que la loi de 1863 a désigné les officiers publics qui seraient chargés de procéder à la vente du gage. « Les ventes autres que celles dont les agents de change peuvent seuls être chargés, sont faites par le ministère des courtiers. Toutefois, sur la requête des parties, le président du tribunal de commerce peut désigner, pour y procéder, une autre classe d'officiers publics. Dans ce cas, l'officier public, quel qu'il soit, chargé de la vente est soumis aux dispositions qui régissent les courtiers relativement aux formes, aux tarifs et à la responsabilité. » En principe ces ventes devront se faire par l'intermédiaire de courtiers. Mais cette disposition comporte des exceptions : d'abord s'agit-il de valeurs négociables en Bourse, la vente se fera par le ministère des agents de change. Nous avons vu qu'on admettait cette exception en droit civil, d'abord parce qu'il y a des valeurs pour lesquelles c'est le seul mode de négociation possible (76, C. com., et loi du 27 prairial an X) et aussi parce qu'on y trouve les mêmes avantages que dans la vente aux enchères.

Pour les autres objets on a recours au ministère des courtiers ; si cependant les parties veulent que la vente se fasse par une autre classe d'officiers publics elles peuvent l'obtenir du président du tribunal de commerce qui pourra par exemple désigner un commissaire-priseur. Les uns et les autres sont soumis aux règles des art. 2 à 7 de la loi du 28 mai 1858, ce qui les oblige à observer les formes de la loi du 28 pluviôse an VII sur les ventes publiques de meubles.

L'art. 93 du Code de commerce termine en reproduisant la prohibition du pacte commissoire « de toute clause qui autoriserait le créancier à s'approprier le gage ou à en disposer sans les formalités prescrites. » La loi nouvelle a sanctionné la jurisprudence qui prohibait ce pacte en droit commercial comme en droit civil. Cette disposition est impérative et doit faire annuler la convention par laquelle le débiteur aurait donné au créancier le droit de se faire autoriser par le tribunal à garder la chose par estimation, par imitation de ce qui a lieu pour le gage civil. Ce serait aller contre l'art. 93. Cette matière ayant été refaite par le législateur, le Code civil ne peut plus y être pris pour suppléer, et ce serait autoriser le créancier à s'approprier le gage, ce que défend l'art. 93-4° du Code de commerce. On pourrait cependant faire observer que l'art. 93 n'a eu d'autre but que de simplifier, en cas de vente, les lenteurs du Code civil, dont les autres dispositions restent en vigueur, n'ayant pas été expressément prévues par le Code de commerce.

Du privilège. — C'est le plus précieux de tous les droits que le contrat de gage confère au créancier. « Le gage confère au créancier le droit de se faire payer sur la chose qui en est l'objet par privilège et préférence aux autres créanciers. » L'art. 2102-2° consacre ce privilège : « Les créances privilégiées sur certains meubles sont : 1°... 2° la créance sur le gage dont le créancier est saisi. » C'est la consécration d'une des causes de préférence qui, aux termes de l'art. 2093, font échapper celui en faveur duquel elles existent à la loi du concours égal entre tous les créanciers. Tel est aussi le but des parties qui font un contrat de gage.

Les causes de préférence sont de deux sortes : le privilège et l'hypothèque. Le privilège est un droit de préférence qui résulte de la qualité de la créance et qui est reconnu par la loi ; il ne dépend pas des parties de créer un privilège. Cependant celui du créancier gagiste repose sur la volonté des parties contractantes, et il ne préjuge en rien de la qualité de la créance. Le gage est un contrat accessoire qui peut s'adjoindre à la créance qui est le plus favorable comme à celle qui l'est le moins. Théoriquement, le gage devrait conférer non un privilège mais simplement un droit de préférence. Cependant le gagiste est privilégié. Le Code en cela a suivi la tradition de l'ancien droit qui lui-même avait imité le droit romain. Le *privilegium*, au sens romain, ne donnait à celui qui pouvait l'invoquer qu'un rang préférable seulement à celui des autres créanciers chirographaires, et c'était à raison de la qualité de la créance. Comment donc se fait-il que le créancier gagiste en soit arrivé à avoir un droit de préférence si parfait qu'il soit un véritable privilège. Cela tient à l'assimilation du gage et de l'hypothèque à Rome, assimilation qui devint si profonde qu'elle a permis à Marcien de dire : « Inter pignus et hypothecam tantum nominis sonus differt. » En effet, si nous mettons de côté la transmission de la possession au créancier, nécessaire dans le *pignus* et qui n'a pas lieu dans l'hypothèque, différence non pas unique mais de beaucoup la principale, nous voyons que du *pignus* comme de l'hypothèque, naît pour le créancier une cause de préférence qui le met au-dessus des autres créanciers ordinaires ou hypothécaires. Ce droit, on pouvait d'autant moins le lui retirer dans notre législation que l'hypothèque mobilière n'y est plus possible. Conduit par les mots le législateur a donc mis le gagiste au rang des privilégiés où la nature de son droit devait en effet le placer, mais où il aurait dû former une catégorie spéciale.

Le créancier gagiste a donc un privilège qui se distingue par sa nature et son origine des autres privilèges, mais qui produit exactement les mêmes effets. A ce titre il figure dans la discussion si importante du classement des privilèges entre eux. Il est spécial et comme tel se trouve en conflit avec d'autres privilèges soit généraux, soit spéciaux. Quel rang lui donnerons-nous ? On admet généralement que les privilèges spéciaux sur des meubles l'emportent sur tous les privilèges généraux de l'art. 2101 à l'exception des frais de justice, qui en principe l'emportent sur tout autre privilège. Ces frais de justice conservent et utilisent le gage des autres créanciers. Pothier disait : « La cause la plus privilégiée est celle des frais de justice, car ils sont faits pour la commune cause de tous les créanciers. » Le motif que Pothier présente comme la base de ce privilège doit faire décider que si parmi les frais il en est qui n'aient pas profité au créancier gagiste, ils ne lui seront pas opposables. C'est ainsi que les frais de scellés apposés au décès du débiteur, ne procurent aucun avantage au gagiste puisqu'il détient sa sûreté. Ces frais ne le primeront donc pas ; tout au contraire les frais faits pour parvenir à la réalisation du gage seront privilégiés à son égard.

L'avantage ainsi donné aux privilèges spéciaux mobiliers sur les privilèges généraux autres que les frais de justice outre qu'il a pour lui l'autorité de l'ancienne jurisprudence, trouve une force particulière pour le contrat de gage.

Que l'on considère la situation exceptionnelle que l'art. 2279 du Code civil crée au possesseur de bonne foi. Le créancier reçoit-il de son débiteur en gage un objet appartenant à autrui, pourvu qu'il ait été de bonne foi il pourra se prévaloir de son droit de gage à l'encontre du véritable propriétaire. Les autres privilèges peuvent bien subir la même atteinte que le droit de propriété !

Pour le concours du privilège avec les autres privilèges spéciaux sur les meubles, la solution résulte par analogie de ce que l'art. 2102-4° du Code civil décide dans le cas de concours du locateur avec le vendeur d'objets mobiliers non payé ; cette décision repose sur ce que le locateur possède à titre de nantissement les meubles qui garnissent sa maison. Le motif est le même dans les deux cas : le privilège du gagiste primera les autres ou sera primé par eux, selon que le créancier aura ignoré leur existence ou qu'il en aura eu connaissance. Ajoutons qu'au cas de mauvaise foi il faut assimiler celui où la chose aurait été perdue ou volée comme nous l'avons dit à propos du gage de la chose d'autrui. C'est également à cet endroit que nous trouvons la solution des questions auxquelles peut donner lieu le conflit entre deux créanciers gagistes, ainsi que le droit de suite et l'application à notre contrat de l'art. 2279 du Code civil.

II. DES OBLIGATIONS QUI NAISSENT DU CONTRAT DU GAGE

Indépendamment des droits qu'il confère au créancier, le gage produit entre les parties des obligations comme tout autre contrat. Il en crée toujours à la charge du créancier, accidentellement à la charge du débiteur : il est synallagmatique imparfait.

Une fois le contrat de gage formé, le créancier se trouve obligé, et cela quand même les formalités des art. 2074 et 2075 n'auraient pas été observées. Nous savons en effet, qu'elles sont nécessaires à la naissance du privilège, mais que les droits et obligations naissent entre les contractants malgré l'inobservation des prescriptions de ces articles.

Obligations du créancier. — Le créancier doit, une fois qu'il est désintéressé, restituer au débiteur l'objet du gage. Le débiteur peut exiger cette restitution dès que la dette a cessé d'exister par une cause quelconque ou lorsque le créancier a abusé du gage, comme nous l'avons vu plus haut.

Pour pouvoir remplir cette première et principale obligation il doit veiller à la conservation de la chose ; c'est là sa deuxième obligation.

L'obligation de restituer la chose s'éteint lorsque celle-ci a péri sans la faute du créancier. C'est l'application pure et simple des principes de l'art. 1302 du Code civil. Mais il ne suffit pas que le créancier allègue que la chose a péri ou est perdue. Pour être déchargé de son obligation il doit prouver que la perte ne lui est pas imputable. C'est donc lui qui devra faire la preuve du cas fortuit ou de la force majeure. Si la perte est arrivée par sa faute, le créancier devra tenir compte au débiteur de la somme qui, dans la valeur du gage perdu, excédait le montant de sa créance ; il peut même être tenu de dommages-intérêts. Si la perte est imputable à un tiers le créancier pourra lui demander la valeur totale du gage : il y a intérêt, car lui, à son tour en devra compte au débiteur. Si la chose a péri par cas fortuit, l'obligation de restituer disparaît et le créancier conserve sa créance contre le débiteur. Elle disparaît aussi lorsque le gage a été vendu faute de payement à l'échéance ; elle est remplacée par une obligation de restituer l'excédant de prix s'il y en a.

Quels soins le créancier doit-il donner à la chose

pour mettre sa responsabilité à couvert ? Ici encore il faut répondre par les principes généraux des obligations.

Il n'y a aucune raison d'y déroger, et ce n'est pas le mot *dépôt* placé dans l'art. 2079 qui doit nous les faire écarter, pour nous faire appliquer l'art. 1927 et ne mettre à la charge du créancier que la faute légère *in concreto*. Tout doit faire repousser cette assimilation exagérée. L'art. 2079 n'emploie l'image du dépôt que pour interdire expressément au créancier tout usage de la chose ; et ce serait forcer le sens de cet article que de vouloir y voir une assimilation du gage et du dépôt. La faveur faite au dépositaire et qui consiste dans un allégement de sa responsabilité s'explique parce qu'il rend un service. Il en était ainsi à Rome ; au contraire, dans le commodat et le prêt uniquement faits dans l'intérêt du débiteur, nous voyons leur responsabilité aggravée. Or, le contrat de gage intervient dans l'intérêt réciproque du créancier et du débiteur. La règle, pour nous, se trouve dans l'art. 1137 du Code civil, qui a établi une règle unique d'appréciation de quelque côté que soit l'intérêt du contrat, c'est le soin du bon père de famille.

Il est vrai que la fin de l'art. 1137 du Code civil semble ressusciter les distinctions supprimées au début ; mais c'est une exception, et dans ses termes mêmes elle n'est pas applicable au contrat de gage.

A la restitution du gage se joint une autre obligation pour le créancier : il doit compte au débiteur de tous les accessoires de la chose, des fruits qu'elle a produits, et en général de tout ce qui en est provenu. Lorsque le gage consiste en une chose frugifère, il rentre dans le devoir du créancier d'en récolter les produits pour en faire compte au débiteur, et à ce titre Pothier (*Nantiss.*, n° 36) décide qu'il est comptable aussi des fruits qu'il a manqué de percevoir par sa faute et par sa négligence. Ces produits, il ne peut s'en servir pour son usage personnel, la loi le lui défend ; mais il augmentera par leur perception l'étendue de son gage.

Lorsque l'objet engagé est une créance productive d'intérêts, l'art. 2081 a décidé que le créancier imputerait ces intérêts sur ceux qui pourraient lui être dus, et que si la dette garantie ne portait pas elle-même d'intérêts, l'imputation se ferait sur le capital. Dans les deux cas c'est par imputation qu'il est tenu compte au débiteur des accessoires du gage. Cette disposition est utile, puisque les intérêts se prescrivent par cinq ans. Mais l'art. 2081 ne donnerait pas au créancier le droit de toucher le capital. Depuis 1863, en matière commerciale, au contraire, si le gage consiste en effets de commerce, l'art. 91 du Code de commerce dernier alinéa, dit : « Les effets de commerce donnés en gage sont recouvrables par le créancier. »

Obligations du débiteur. — Le débiteur peut, de son

côté, se trouver obligé éventuellement. « Il doit tenir compte au créancier, dit l'art. 2080-2°, des dépenses utiles et nécessaires que celui-ci a faites pour la conservation du gage. »

Pothier (*Nantiss.*, n° 60) exprime en d'autres termes l'obligation du débiteur. « Celui qui a donné une chose en nantissement, dit-il, contracte envers le créancier à qui il l'a donnée une autre obligation qui est celle de le rembourser des impenses nécessaires qu'il a faites pour la conservation de la chose. » Ces mots *impenses nécessaires* sont la traduction même d'une phrase de Papinien : « *Si necessarias impensas fecerim in servum.* » Au paragraphe suivant il s'explique sur l'obligation du débiteur à l'égard des dépenses qui n'étaient pas nécessaires, mais seulement utiles. Tout le monde admet que, malgré les termes généraux de l'article 2082-2°, on doit encore s'en référer à la distinction que Pothier établit entre ces deux sortes de dépenses.

Les dépenses nécessaires, sans lesquelles la chose eût péri et que dès lors le créancier devait faire sous peine d'engager sa responsabilité, devront lui être remboursées intégralement, quand même, par la suite, la chose aurait péri; car le débiteur resté détenteur les eût faites de même, et sous ce rapport le créancier est son mandataire.

Pour les dépenses simplement utiles, faites du consentement du débiteur, elles doivent être remboursées de même que les dépenses nécessaires ; faites sur la seule demande du créancier, elles ne lui seront remboursées au maximum que jusqu'à concurrence de la plus-value.

Admettre une autre décision serait parfois mettre le débiteur dans la situation la plus fâcheuse. Et même si le créancier faisait des dépenses considérables sur le gage, qui auraient pour conséquence de forcer le débiteur à le vendre, eu égard à l'insuffisance de sa fortune pour payer ces dépenses importantes, Pothier décide que le juge devra permettre seulement au créancier d'emporter ce qui peut se détacher, sans obliger le débiteur à aucune autre indemnité.

Le débiteur doit donner au créancier un gage suffisant ; sinon celui-ci aura le droit de réclamer un nouveau gage ou des dommages-intérêts ; cela se présentera notamment dans le cas où le débiteur aurait donné en gage un objet ne lui appartenant pas qui aurait été perdu ou volé.

Il peut également arriver que le débiteur remette en gage des objets de nature à causer un préjudice au créancier : par exemple des animaux qui, atteints d'une maladie contagieuse, l'auraient communiquée aux animaux qui étaient la propriété du créancier, ou dont celui-ci aurait eu la garde. Le débiteur doit indemniser le créancier de toutes les pertes que le gage peut ainsi lui avoir occasionnées (art. 1947 C. civ.).

De la prescription. — L'art. 2079 du Code civil rappelle que le débiteur conserve la propriété du gage ; il en résulte que le créancier ou ses héritiers nantis du gage sont des détenteurs précaires ; qu'en même temps qu'ils possèdent pour eux-mêmes comme gagistes, ils possèdent pour le débiteur, et par conséquent qu'ils ne peuvent prescrire (art. 2236 C. civil).

Pour que le créancier pût prescrire il faudrait que son titre fût interverti, soit par une cause provenant d'un tiers, soit par la contradiction qu'il opposerait aux droits du débiteur (art. 2238 C. civ.).

Le simple payement fait par le débiteur ne ferait pas cesser la précarité et ne permettrait pas au créancier de prescrire, car il ne rentre pas dans les termes de l'art. 2238. Ce n'est pas un fait provenant d'un tiers, et le fait de rester en possession après le payement de la dette ne constitue pas une suffisante contradiction aux droits du propriétaire. On reconnaît que l'action en restitution du gage, l'action *pigneratitia directa*, sera prescrite au bout de trente ans à partir du payement ; mais cela ne fera pas changer la nature de la possession du créancier qui sera toujours détenteur précaire et se verra toujours exposé à l'action en revendication du débiteur.

On objecte que le gage ne peut porter que sur des meubles et que pour ceux-ci l'action en revendication n'existe pas, ou que dans les cas exceptionnels où elle existe elle se prescrit par trois ans. Or l'action en restitution du gage, qui est celle au moyen de laquelle le débiteur pourrait établir la précarité de la possession du créancier est prescrite ; par conséquent le créancier se trouve en état d'invoquer l'art. 2279 du Code civil : néanmoins il ne nous semble pas qu'on puisse déclarer qu'il y a interversion dans la possession du créancier et que la précarité a cessé d'exister par cela seul que le débiteur s'est libéré sans retirer le gage ; car le créancier reste de mauvaise foi.

Si le créancier ne peut prescrire, en sa qualité de détenteur précaire, le débiteur de son côté ne peut pas se prétendre libéré de sa dette, quoique le créancier reste sans agir pour se faire payer. En effet, le fait, de la part du débiteur, de laisser le gage aux mains du créancier implique reconnaissance du droit de ce dernier. S'il n'en était pas ainsi, on arriverait à ce résultat inadmissible qu'au bout de trente ans le débiteur pourrait se prétendre libéré, et que son action en restitution du gage n'étant pas prescrite puisqu'elle ne court qu'à partir du payement, il pourrait réclamer la restitution de son gage sans offrir de payer la dette pour garantie de laquelle il l'avait constituée !

Extinction du gage. — Elle se présente sous deux aspects ; le gage peut s'éteindre par voie principale, directement ; il peut aussi s'éteindre par voie incidente.

Le gage prend fin directement d'abord quand le créancier en fait remise à son débiteur, sans que cela porte aucune atteinte à l'obligation principale qui subsiste. Mais cette remise du gage n'est valable qu'autant qu'elle est faite par une personne capable de disposer de ses droits.

La résolution du droit du constituant se présentera bien rarement chez nous comme amenant l'extinction du gage. Car il sera bien rare que le créancier ne puisse pas invoquer les art. 2279 et 1141 du Code civil pour conserver la possession du gage.

Lorsque la chose engagée vient à périr par cas fortuit le gage cesse d'exister ; le créancier perd sa sûreté sans avoir le droit d'exiger que le débiteur lui en fournisse une autre. Quant au débiteur il perd aussi le droit d'exiger plus tard la restitution du gage, et il reste absolument obligé par rapport à la dette principale sur laquelle la perte de la chose n'influe en aucu ne façon.

Cependant pour que le gage cesse d'exister par la perte de la chose par cas fortuit, il faut que cette perte soit totale ; car nous savons que si .elle était partielle, ce qui resterait du gage garantirait encore toute la dette.

Le gage prendrait encore fin, dans le cas où il aurait été constitué pour un temps déterminé, par l'arrivée de l'époque fixée. Il en serait de même encore s'il avait été constitué sous une condition résolutoire qui serait réalisée ou sous une condition suspensive qui serait défaillie.

Le gage s'éteint indirectement, par voie accessoire,

toutes les fois que l'obligation principale cesse d'exister.

Le mode naturel d'extinction de l'obligation principale c'est le payement. Lorsque celui-ci a eu lieu le gage prend donc fin. Mais pour cela il faut que ce payement soit valable et définitif. Par conséquent, si nous supposons qu'il a été effectué par une dation en payement et que l'objet de cette dation n'étant pas la propriété du débiteur, le véritable propriétaire de cet objet soit dans le cas de le revendiquer, et le revendique en effet, on ne peut pas dire qu'il y ait eu un payement éteignant l'obligation principale. Par suite, le gage n'a pas pris fin et le créancier peut le conserver s'il ne l'a déjà restitué. Si au contraire il s'en est déjà déchargé, il pourra le redemander à son débiteur. Cependant on ne peut pas dire que le débiteur le lui restituera, car s'il l'a livré à un tiers acquéreur celui-ci pourra invoquer l'art. 2279 du Code civil. Mais dans ce cas le créancier aura droit d'exiger de son débiteur un nouveau gage et des dommages-intérêts.

La solution devrait être la même, si au lieu de supposer que le débiteur a vendu et livré le gage à un tiers, nous supposons qu'un créancier chirographaire du débiteur avait pratiqué une saisie-arrêt pendant que le gage était rentré dans les mains de ce dernier.

Nous avons vu en effet, en traitant des conditions nécessaires à l'existence du contrat de gage, qu'il fallait non seulement que le créancier fût mis en possession de l'objet du gage, mais de plus qu'il y eût des-saisissement effectif du débiteur pour que celui-ci ne puisse pas être considéré par les tiers comme pouvant encore disposer du gage.

Lorsque l'obligation principale est novée le gage dis-paraît avec l'obligation qu'il garantissait. Cependant, le gage pourrait être expressément réservé par le créan-cier; dans ce cas, cette volonté du créancier est res-pectée (art. 1278 du Code civil) car elle est la condi-tion du consentement qu'il a donné à la novation.

La remise de la dette entraînera remise du gage. Mais remarquons l'art. 1286 qui nous dit que la remise de la chose donnée en nantissement ne suffit point pour faire présumer la remise de la dette. Mais elle fera au moins présumer la remise du gage qui dès lors sera éteint par voie principale.

La dette principale peut encore s'éteindre par la compensation et aussi par la confusion. Lorsque la même personne se trouve réunir les deux qualités de débiteur et de créancier de la même obligation, il n'y a plus ni débiteur, ni créancier, mais confusion de ces qualités et extinction de l'obligation principale ainsi que de ses accessoires. Cela arrive lorsque l'une des deux personnes qui figurent dans l'obligation devient héritière de l'autre. Cependant, si l'héritier n'a accepté la succession qui amène la confusion que sous béné-fice d'inventaire, les rôles continueront de rester dis-tincts. L'art. 802-2° du Code civil dit, en effet, que

« l'effet du bénéfice d'inventaire est de donner à l'héritier l'avantage : 1°....; 2° de ne pas confondre ses biens personnels avec ceux de la succession, et de conserver contre elle le droit de réclamer le payement de ses créances. » Ainsi, pour ce qui est du gage, le créancier, héritier bénéficiaire de son débiteur, conservera le droit de réclamer sa créance, et par conséquent conservera le gage jusqu'à parfait désintéressement ; si nous supposons que c'est le débiteur qui se trouve héritier bénéficiaire de son créancier, il ne pourra pas réclamer à la succession la restitution de son gage, tant qu'il ne se sera pas libéré de la dette pour laquelle il l'avait constitué.

DÉROGATIONS APPORTÉES AUX RÈGLES DU DROIT COMMUN EN FAVEUR DE CERTAINS ÉTABLISSEMENTS DE CRÉDIT

L'art. 2084 du Code civil réserve « les matières de commerce, et les maisons de prêt sur gage autorisées à l'égard desquelles on suit les lois et règlements qui les concernent. »

A côté des règles du droit civil nous avons placé les exceptions établies en faveur du commerce à mesure qu'elles se présentaient. C'est ainsi que nous avons examiné les dérogations apportées au droit civil par les art. 91 à 94 du Code de commerce modifiés depuis la loi de 1863, et en même temps comme se rapportant de très près au droit commercial les règles particulières des lois des 28 mai 1858 et 31 août 1870 concernant les Magasins-Généraux, en ce qui concerne le gage des marchandises qui y sont déposées.

Pour être complet sur ce sujet nous ne devons pas négliger de jeter un rapide coup d'œil sur certaines institutions de crédit particulières telles que les Monts-de-piété, la Banque de France, et le Crédit foncier de France.

I. MONT-DE-PIÉTÉ

Le mont-de-piété est un établissement essentiellement philanthropique qui a pour but de prêter aux pauvres, sur nantissement de leurs objets mobiliers, des sommes remboursables au plus tard un an après le prêt.

Les établissements connus sous le nom de monts-de-piété ont une origine italienne et remontent à la seconde moitié du XVe siècle. Le but de l'institution était de réunir des capitaux pour faire des prêts destinés à soustraire les emprunteurs aux exigences des usuriers. Il fallait donc que les capitaux fussent fournis par des personnes charitables qui ne demandaient aucun produit aux sommes qu'elles avançaient; d'autre part, il était juste que les prêts ne fussent faits que sur gages pour éviter que le capital ne fût épuisé par les non-recouvrements.

Nous n'avons pas à entrer dans le détail des vicissitudes qu'eut à subir ce genre d'établissement. Qu'il nous suffise de savoir que les spéculations, les abus auxquels ils donnèrent lieu en Italie, une fois détournés de leur but véritable, firent voir en France les monts-de-piété avec défaveur, et que c'est pour cette cause probablement que, jusqu'au XVIIIᵉ siècle, il n'y eut que des tentatives avortées pour en établir. Louis XVI, par lettres-patentes du 9 décembre 1777, organisa le mont-de-piété de Paris.

Après la Révolution, les monts-de-piété furent réorganisés par la loi du 16 pluviôse an XII, complétée par le décret du 24 messidor an XII, et celui du 8 thermidor an XIII.

Il ne peut être établi de monts-de-piété qu'au profit des pauvres. Pour assurer ce résultat, le gouvernement reprend la direction de ces établissements, et il ne peut en être créé qu'avec son autorisation. Depuis une loi du 24 juillet 1851 les monts-de-piété doivent être institués, comme établissements d'utilité publique, par décret, après avis du Conseil municipal de la localité.

L'art. 411 du Code pénal punit d'un emprisonnement de 15 jours à 3 mois, et d'une amende de 100 fr. à 2,000 francs ceux qui auront établi ou tenu des maisons de prêt sur gages, sans autorisation légale, ou qui

ayant une autorisation n'auront pas tenu leurs registres régulièrement.

Un avis du Conseil du 12 juillet 1807 porte « qu'il
ne peut être accordé de mont-de-piété qu'aux villes où
la caisse municipale et celle des hospices ou l'une des
deux fournissent un capital suffisant à la mise en action de l'établissement, sans qu'on puisse, en aucun
cas, recourir à la voie des actions. » C'est le moyen
d'éviter que l'institution ne dégénère en spéculation.

Au point de vue des dérogations au droit commun,
remarquons d'abord la prohibition d'ouvrir sans autorisation des maisons de prêt sur gage ; cette prohibition ne porte aucune atteinte au droit qu'ont les particuliers de faire des nantissements pour leurs affaires.

L'acte de gage n'a nul besoin d'être authentique ou
sous seing privé enregistré. Il doit être signé de l'emprunteur, ou s'il ne sait pas signer c'est son répondant
qui doit le faire.

Le prêt est fait en général pour un an, et seulement
sur nantissement d'effets mobiliers qui sont déposés
entre les mains de l'administration.

La somme prêtée ne doit pas être de la totalité de
l'objet engagé ; elle ne doit pas excéder les quatre cin-
quièmes de leur valeur s'ils sont d'or ou d'argent, les
deux tiers pour tous autres objets.

Une reconnaissance du dépôt est remise à l'emprunteur ; c'est la preuve du contrat intervenu avec l'éta-

blissement. Elle doit porter l'évaluation de la valeur totale de l'objet engagé, et sa description.

La reconnaissance ne porte pas le nom du déposant, elle est au porteur, mais n'est pas susceptible d'être endossée. Tout porteur de cette reconnaissance, en remboursant la somme prêtée et en acquittant les intérêts et droits dus peut se faire remettre l'objet. L'objet peut être dégagé avant l'expiration du terme fixé pour le remboursement.

Le moment du remboursement arrivé, l'emprunteur doit se libérer et retirer son gage ; il peut obtenir un renouvellement à condition de payer les intérêts et droits échus ; s'il ne peut se libérer ni obtenir un renouvellement, l'objet est vendu à la diligence du directeur d'après un état qu'il dresse des nantissements non dégagés, et qui est rendu exécutoire par le président du tribunal. Ces ventes sont annoncées au moins dix jours d'avance par affiches, et au besoin par exposition publique des objets mis en vente.

Sur la présentation de la reconnaissance, on paye au porteur de celle-ci l'excédant du prix de vente.

Opposition peut être faite sur cet excédant suivant des formes particulières par les créanciers du porteur de la reconnaissance.

Au bout de trois ans le droit de réclamer cet excédant est prescrit.

Dans le cas bien rare où le prix de vente reste infé-

rieur au montant du prêt, l'emprunteur n'est pas recherché.

Si l'objet engagé est perdu ou détérioré, l'emprunteur en sera indemnisé, sauf dans le cas de vol et pil-
lage à force ouverte, ou autres accidents extraordinai-
res. Remarquons cependant que la responsabilité de
l'administration est bien plus lourde que celle qui in-
combe au créancier gagiste.

Enfin, il y a une disposition toute particulière à ces
établissements dans l'art. 70 du décret du 8 thermidor
an XIII établissant le mont-de-piété de Paris : « Quand
un nantissement sur lequel il aura été accordé un prêt
sera réclamé pour cause de vol ou pour toute autre
cause, le réclamant sera tenu, pour s'en faire accorder
la remise : 1° de justifier dans les formes légales de
son droit de propriété sur l'objet réclamé ; 2° de rembourser tant en principal qu'intérêts et droits, la
somme pour laquelle l'effet a été laissé en nantissement, sauf, d'ailleurs, au réclamant à exercer son recours ainsi qu'il avisera contre le déposant, l'emprunteur et le répondant, le tout sans préjudice du recours
contre le directeur ou autres employés en cas de fraude,
dol ou négligence dans l'exécution de l'art. 47 du règlement. »

En présence de cette disposition on se demande s'il
y a dérogation à l'art. 2279 du Code civil et si les
monts-de-piété sont tenus de restituer à leurs vérita-

bles propriétaires les objets volés ou perdus qui ont été engagés.

On admet généralement qu'il faut établir une distinction entre les établissements dont les règlements avaient force de loi avant que l'article 2279 fût promulgué ou qui, même postérieurs, ont été rendus exécutoires par décrets publiés au *Bulletin des lois* sous le gouvernement impérial, et ceux dont les règlements n'avaient pas, avant le Code, force de loi ou n'ont pas été depuis cette époque édictés par le pouvoir législatif.

Pour les premiers seulement l'art. 2279 du Code civil est écarté, par exemple pour celui de Paris dont le règlement est celui du 8 thermidor an XIII dont nous avons cité l'art. 70.

L'intention qui a présidé à la création des monts-de-piété a donc nécessité, comme nous venons de le voir, de très notables dérogations aux caractères du contrat de gage particulièrement en ce qui concerne la forme du contrat, la vente du gage, la responsabilité du créancier et aussi l'application de l'art. 2279 du Code civil.

BANQUE DE FRANCE

La surveillance exercée par l'Etat sur la Banque de France, le crédit immense dont elle jouit, ont déterminé le législateur à lui accorder de grandes faveurs.

Parmi les opérations qui lui sont permises, nous voyons qu'elle peut faire *des avances sur dépôts*. Mais ces opérations n'ont aucun rapport avec les dépôts volontaires que l'art. 9-4° du décret du 16 janvier 1808 l'autorise à recevoir ; sous le nom d'avances sur dépôt la Banque fait de véritables prêts sur gages.

Les objets sur lesquels elle peut prêter, sont limitativement déterminés : ce sont d'abord des lingots d'or ou d'argent et les monnaies d'or ou d'argent (art. 20 D. 16 janvier 1808), et aussi les effets publics français (art. 16, D. 1808). Des lois postérieures ont étendu les catégories d'effets que la Banque peut recevoir en gage, mais cela n'empêche pas de remarquer que c'est à ces seules sortes de valeurs que se borne pour la Banque le droit de faire des avances sur dépôts.

Nous allons encore trouver d'autres dérogations,

Avances sur lingots : elles peuvent être de la valeur intégrale des lingots ou des monnaies, mais elles ne peuvent dépasser la somme de 10,000 francs (statuts, 2 septembre 1830, art. 149). Le délai du remboursement et le taux de l'intérêt sont fixés par le conseil général de la Banque.

Le contrat est constaté par la délivrance d'un récépissé dégagé des formes prescrites par le Code civil. Ce récépissé constate le nom et la demeure de l'emprunteur, la somme prêtée, le numéro d'ordre du registre des dépôts, la date du jour où ils sont faits et

celle où ils doivent être retirés. Ce récépissé contient
en outre mention de la déchéance du déposant et de la
nullité du récépissé en cas de non remboursement à
l'échéance. Il ne faut pas voir dans cette clause une
dérogation à l'art. 2078 du Code civil, qui permettrait
exceptionnellement le pacte commissoire en faveur de
la Banque, qui l'autoriserait à s'approprier le gage
sans tenir compte de sa valeur par rapport à l'avance
faite. Cette clause a seulement pour but de retirer à
l'emprunteur la faculté de reprendre son gage s'il n'a
pas payé à l'échéance. Il devra faire sommation à la
Banque de lui restituer son dépôt contre le payement
de la dette entière, ou bien de le vendre, et de lui restituer le surplus après avoir prélevé sur le prix de
vente le montant des avances.

Avances sur titres. — L'art. 16 du décret du 16 janvier 1808 autorisait les avances sur effets publics français à échéances déterminées. L'art. 3 de la loi du
17 mai 1834 supprima cette condition. Des décrets ou
lois y adjoignirent successivement les obligations de la
ville de Paris (28 mars 1852), les actions et obligations
des grandes Compagnies de chemins de fer (3 mars
1852), les obligations du Crédit foncier (loi du 9 juin
1857). La sûreté qui doit présider aux opérations de la
Banque de France a fait restreindre le champ dans lequel elle pouvait agir. C'est encore dans ce but que
l'art. 2 de l'ordonnance du 15 juin 1834 ne lui permet
pas de prêter des sommes excédant les quatre cin-

quièmes des valeurs déposées d'après le cours au comptant, la veille du jour où l'avance est faite.

De même ces avances ne peuvent être faites pour plus de trois mois ; les titres nominatifs doivent être transférés au nom de la Banque.

Pour constater le dépôt, les formes du Code civil sont écartées. L'emprunteur souscrit l'engagement de rembourser dans les trois mois et de couvrir la Banque de la baisse des valeurs si elle atteignait dix pour cent (art. 3 et 4, ordonnance du 15 juin 1834). Cet engagement n'a pas besoin d'être enregistré.

Pour la réalisation du gage, l'art. 5 de cette ordonnance contient une dérogation considérable. A défaut de remboursement, le lendemain de l'échéance, sans mise en demeure aucune, la Banque peut faire vendre à la Bourse, par agents de change, tout ou partie des titres.

Cette disposition de l'art. 5 de l'ordonnance continue à régir la Banque, même depuis la loi de 1863 ; cependant on a soutenu que cette loi obligeait la Banque à ne faire vendre que huit jours après sommation. Nous ne pensons pas que cette loi générale ait touché aux textes spéciaux édictés pour la Banque.

CRÉDIT FONCIER

Cet établissement fait des opérations de deux sortes : il fait des prêts sur hypothèques dans des conditions particulières qui ne doivent pas nous occuper ici, il fait aussi des prêts à courte échéance.

Il ne fait pas comme la Banque de France des avances sur lingots mais sur titres. Les titres sur lesquels il peut faire des avances étaient d'abord ceux qu'il émettait, les obligations ou lettres de gage, au moyen desquelles il effectue ses prêts hypothécaires. Cette faculté fut étendue à tous les titres admis par la Banque de France (décret, 7 août 1869 approuvant de nouveaux statuts).

La loi du 19 juin 1857 établit très clairement les dérogations admises en faveur du Crédit foncier.

Les art. 2074, 2075 et 2078 du Code civil ne sont pas applicables aux avances sur dépôts des valeurs autorisées.

Le privilège de la société résulte d'un simple engagement souscrit par l'emprunteur dans les termes des art. 3 et 5 de l'ordonnance du 15 juin 1834 pour la Banque de France.

La réalisation sera aussi simple et aussi rapide que nous l'avons vue pour les prêts faits par cet établissement.

Par là on évite la lenteur et les formalités gênantes qui rendent difficile le prêt sur gage et cela est sans danger par la surveillance que l'État exerce sur ces établissements.

POSITIONS

DROIT ROMAIN

I. La loi 1 pr. D., XIII, 7, ne veut pas dire que le consentement soit suffisant à constituer un gage (page 26).

II. On ne constitue pas, à proprement parler, un gage sur des servitudes ; on donne mandat d'en constituer (loi 12, D., XX., 1) (page 39).

III. Il y a contradiction entre la loi 22, D., XX, 1, et la loi 41, D., XIII, 7. La véritable solution se trouve dans la première de ces deux lois (page 47).

IV. Le droit de vendre n'est pas de l'essence du gage, il n'est que de sa nature (page 72).

V. Même sous Justinien on ne peut pas dire que les servitudes s'établissent par pactes et stipulations.

VI. Une obligation naturelle ne peut jamais naître d'un simple pacte.

VII. Le rescrit d'Antonin Caracalla sur les donations entre époux ne se référait qu'aux donations suivies d'exécution.

DROIT CIVIL

I. Le nantissement des titres au porteur exige la réunion des formalités prescrites par les art. 2074 et 2075 du Code civil, quand le gage est civil (page 137).

II. C'est au créancier qu'appartient le choix entre les deux modes de réalisation de l'art. 2078 du Code civil (page 185).

III. Le créancier gagiste peut, en vertu de son droit de rétention, conserver le gage à l'encontre des tiers jusqu'à complet désintéressement (page 171).

IV. Le simple payement fait par le débiteur ne fait pas cesser la précarité de la possession du créancier (page 210).

V. L'autorisation de conserver le gage à titre de payement donnée au créancier, même après la constitution du gage, n'est pas valable (page 195).

VI. Un étranger peut être tuteur en France.

VII. La théorie des commorientes s'appliquerait même au cas où les vocations héréditaires reposeraient non pas sur l'ordre légal des successions, mais sur des dispositions réciproques des comourants.

VIII. La séparation des patrimoines ne constitue pas un privilège, mais un droit de préférence *sui generis*.

IX. La substitution d'un gage à un autre consentie par le débiteur à son créancier, dans les dix jours qui ont précédé la cessation des payements est nulle, même quand elle est faite sans fraude.

DROIT DES GENS

I. Dans un congrès, ne doivent être soumises aux délibérations de ce congrès, que les questions intéressant directement toutes les puissances représentées.

II. Dans un traité d'alliance, un allié ne saurait stipuler qu'il cédera une partie de son territoire pour indemniser l'autre des pertes qu'il aurait essuyées.

DROIT CRIMINEL

I. Le jugement déclaratif de faillite est préjudiciel à l'action publique pour banqueroute.

II. Le fait par le contumax de se constituer prisonnier ou d'être arrêté avant la prescription de la peine n'interrompt pas la prescription.

PROCÉDURE CIVILE

Le tiers saisi peut valablement payer entre les mains du saisi tout ce qui excède les causes de la saisie.

Vu par le Président de la thèse,

COLMET DE SANTERRE

Vu par le Doyen de la Faculté,

CH. BEUDANT

Vu et permis d'imprimer :

Le vice-recteur de l'Académie de Paris.

GRÉARD.

TABLE DES MATIÈRES

PARIS. — IMPRIMERIE MOQUET, RUE DES FOSSÉS-SAINT-JACQUES, 11